確実に上達する小学生バレーボール

監修 浦野 正
（東金町ビーバーズ総監督）

「思いやり」、「感謝」、「我慢」、「チャレンジする心」が子どもを育て、コンビバレーを生み出す

技術に心が重なって コンビが生まれる

小学生バレーボールは、ルールに多少違いがあるものの、基本的な技術は、大人の6人制バレーと同じと言っていいでしょう。小学生でも基本技術さえ修得すれば、コンビバレーは実現できます。しかし、その前に、バレーボールの基本とも言える「心」でボールをつなぐ気持ちを理解する必要があります。

ボールをプレーする選手は、次の選手を思いやり、次の選手は前の選手に感謝する、そして苦手なプレーは周囲がフォローし、プレーしていない選手は声で参加、フォローしてもらった選手はそれにまた感謝する気持ちが大切です。

そして苦しい練習で「我慢の心」が育ち、周囲の選手はそれを声で励まし、そこにまた「思いやり」と「感謝」が生まれるのです。

また強いスパイクに立ち向かう勇気、どんなボールもあきらめないチャレンジ精神が仲間を感動させ、チームの士気が上がります。さらには、チームで高い目標を掲げ、それに向かってチャレンジしていくようになります。

これらの積極的で、つねに前向きな姿勢が、チームの一体感を生み出します。基本の技術の上に、こんな心のつながりが重なりコンビバレーができるようになるのです。

小学生は巧緻《こうち》性の発達期。強いチームづくりよりも将来を見据えた指導が大切

成長過程にある小学生のからだは、まだまだ未熟ですが、神経に関してはほぼ大人レベルまでの発達期を迎えています。しかし、神経系の発達を促すには、それなりの刺激が必要となります。それがコーディネーショントレーニングです。

子どもの好きなゲーム性を入れて、モチベーションを上げ、「やった」「できた」という感動を与え、達成感を感じさせます。これをくり返すことで、脳で得た情報をすばやく行動に移せる巧緻《こうち》性が磨かれ、からだをうまく使えるようになるのです。

●両側性…前後左右の切り返しの能力
●複合性…足や手など複数の動きを加えた動き
●対応性…状況の変化に対応する能力
●不規則…意外性のある動きを意識して行う
●変化度…一段階クリアしたら、さらに上に挑戦する

これらの全てが運動神経の基礎をつくると言えるでしょう。

いくらチームを強くしたいからといって、ただでさえスパイク練習を中心に行う小学生のエーススパイカーに、ジャンピングサーブの練習を過度にさせたりすることのないようにしましょう。ヒザや腰に負担がかかり、とりかえしのつかないことになってしまうかも知れません。

また、小学生は筋肉の発達期ではないので、過度の筋力トレーニングもやめましょう。故障の原因になるだけでなく、成長の障害になる可能性もあります。

発育時期は個人によって異なります。小学生の時期に体格が小さな子でも、中学や高校で身長が伸び、エーススパイカーになるかも知れないのです。全員スパイクを打て、レシーブもできるように均等に練習しておくことが大切です。

確実に上達する小学生バレーボール

CONTENTS 目次

Chapter4

Chapter5

Chapter6

Chapter7

Chapter7

Chapter8

Chapter 1

バレーボールの基本

BASIC Skills

ジュニアバレーボールのルール

ローテーションなしのフリーポジション制

小学生のバレーボールのルールで大きく異なる点は、ポジションをローテーションしないフリーポジションで行われることです。ローテーションが義務づけられていないため、選手6人が自由にコートの中でプレーできます。

フリーポジション制にともなってバックアタックのルールも存在しません。つまり、誰もが打とうと思えばどこからでもスパイクを打つことができます。

からだの大きさや身体能力を考慮して、コートは半面8メートル四方と小さめで、ネットの高さは男女ともに2メートルと低くなっています。またボールの大きさは中学校で使用されている4号球と同じですが、少し軽めの軽量球が公式の試合球とされています。

基本的なルールは同じで、公式の試合では体力を考慮して21点のラリーポイント制、3セットマッチとされています。

各セットは先に21点をとったチームの勝利となりますが、スコアが20対20となった場合は、どちらかが2点差をつけるまで、そのセットは続行されます。試合は、最終的に2セットを先取したチームの勝利となります。

これらは、小学生の体力などの調査のもとに、改良を重ねられて制定されています。とくにフリーポジション制は、小学生の将来の成長を見据えて、誰もが自由にプレーできる主旨で導入されたものです。練習では、全員が全てのプレーをできるようにしておくことが理想です。

使用するボール

●ボールの大きさ

使用ボールは4号の軽量球が小学校バレーボールの試合球とされている。通常の4号球と同じ直径20cmだが、重量は約40g軽い210±10gとなっている。

その他、低学年の練習試合などではソフトバレーボールなどを使ってやるのもいいだろう

コートの大きさ

コートの大きさは通常よりひとまわり小さい8m×16m。バックアタックのルールがないため、アタックラインは関係ない。

またネットの高さは2m。公式戦での規定は2mであるが、これにとらわれずに、身長の低い低学年の試合などでは、目的に応じて低くして行うといいだろう

●ネットの高さ

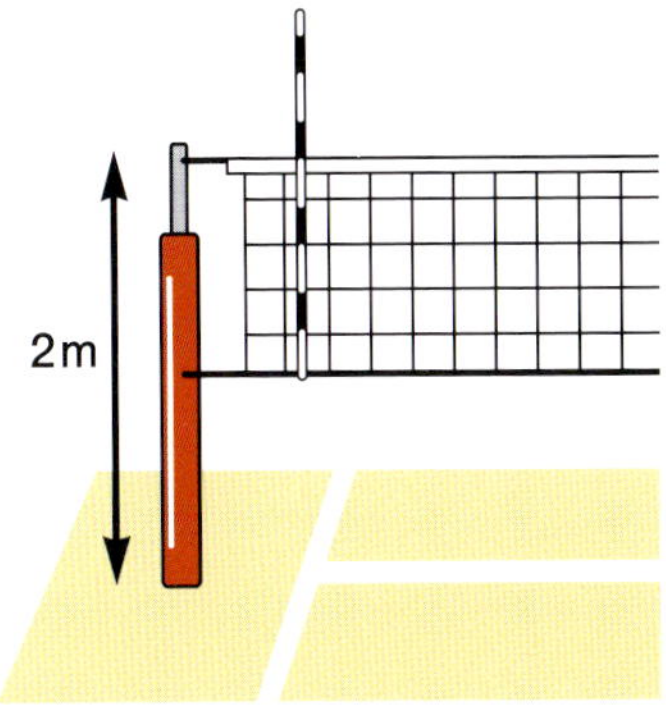

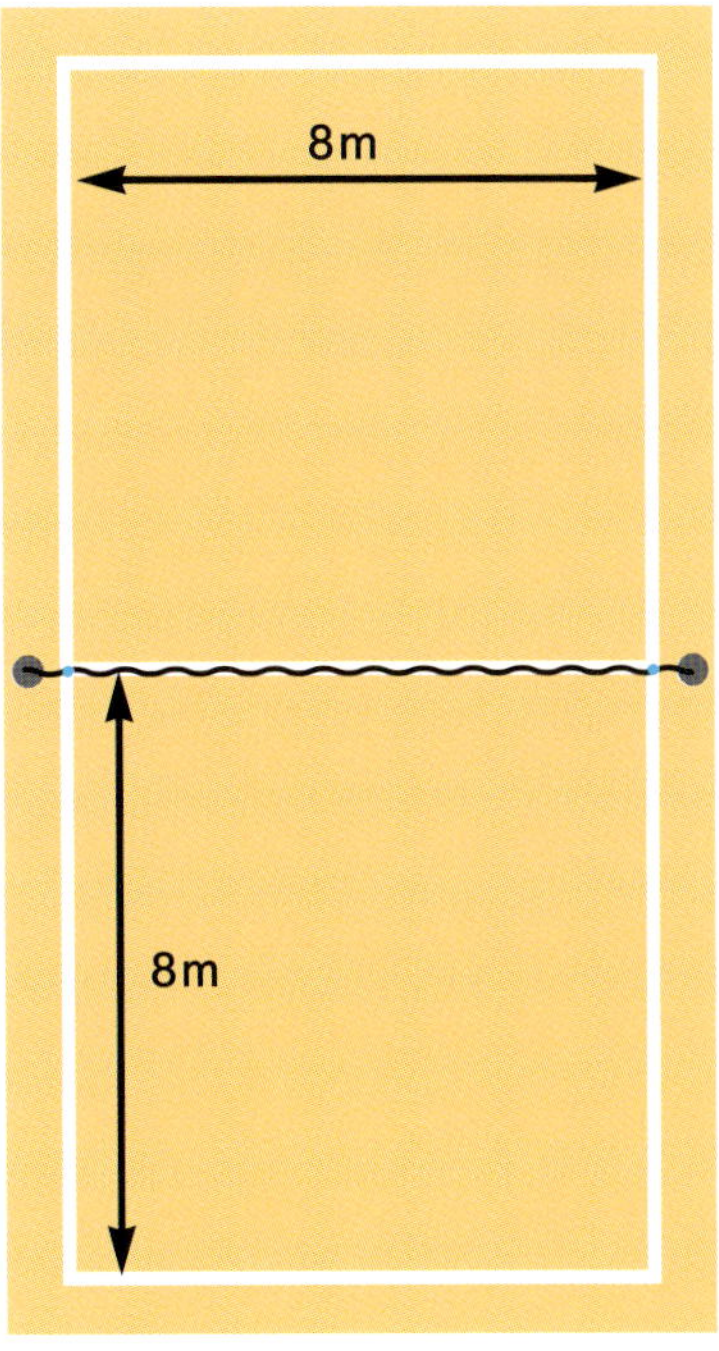

スパイカー

ポジション別の役割①

Spiker

選手全員がスパイカーを目指そう

小学生バレーボールの試合では、ローテーションが義務づけられていないため、前衛と後衛のポジションを固定して行うのが通常です。つまり、セッターを含めた選手の全員がスパイカーであるのが理想です。

小学生なので、将来の成長も考え、練習では全員がスパイクを打てるようにしておくことが大切です。

前衛選手もポジションを固定するのでなく、レフト、ライト、センターのどこからでも打てるようにしておく必要もあります。また、後衛選手が後ろから走りこんで攻撃に参加することでバリエーションも増えるでしょう。

大人より数倍も吸収力のある小学生の能力を限定しないためにも、形にとらわれずいろいろなことに挑戦させていくことが将来の可能性につながります。

ポジション別の役割②

センタースパイカー

システムではなく声と心のコンビづくり

大人では、通常いちばん背が高く、鋭角に打ち込めて、ブロックにも強い選手がセンタープレーヤーとなります。基本的なポジショニングは、大人と変わりませんが、ここでも状況に応じて、いろいろと変化させてあげることが大切です。

やはり、全員がクイックを打てて、相手の動きにすばやく反応し、状況に応じた動きができるようにしておくことが大切です。

決められたポジションで役割をおぼえるよりも、相手の出しやすいタイミングでしっかり声を出し、上げる方もしっかり上げ、きっちり決める、という思いやりの心からコンビネーションが生まれることを教えてあげましょう。

Center Spiker

ポジション別の役割③

セッター

運動能力と人間性が求められる司令塔

コンビバレーにもっとも大切なのが、よいセッターの存在です。ボールの下にすばやく入る動作が多いため、運動能力が問われるポジションです。また、スパイカーとのコンビネーションをつねに考えなければならないため、状況判断や人間性も大切な要素となります。

　ここでも、チームとして目指すべき目標は、全員がトスを上げられるようになっておくことです。できれば、攻撃の幅がより広がるジャンプトスを全員上げられることを目指しましょう。

　それは単に技術の習得だけでなく、レシーバーやスパイカーであっても、トスを上げる立場になって物事を考えられるようになるからです。実際に自分で体験することで、相手のことを思いやったレシーブや要求ができるようになるはずです。

Setter

ポジション別の役割④

レシーバー・リベロ

すばらしいレシーブでチームの心がひとつにまとまる

後衛の選手の最大の役割はレシーブです。同時に、チームメイトをもっともふるい立たせるのもレシーブです。

どんな強いスパイクでも、きびしいコースに来たボールでも、最後まであきらめずに追う姿勢、それをひろったときのファインプレーは、スーパーエースのすばらしいスパイクよりもチームに与える影響は大きなものです。

レシーブは地道なつらい練習が必要です。練習のときからみんなで仲間を励まし、喜びをわかち合うことが、実戦での流れを変えるワンプレーを生み出すことでしょう。

Receiver

バレーボールの

きほん

1

オーバーハンドパス①

両手で顔の前に三角形をつくり腕の力だけでなく、からだをやわらかく使う

正面から見たポイント

●手

両手で顔の前に三角形をつくるようにかまえ、両手の親指、人差し指、中指でボールをとらえ、それ以外の指はそえるイメージ。手のひらでベッタリさわるのでなく、指先（第2関節まで）でボールをとらえる

●ヒジ

両ヒジは肩幅より少し広めに開いてかまえる

●目

両手の三角形の間から、上目使いにボールを見て、落下点にすばやく入る

●足の幅

両足は肩幅より少し広く開き、どちらかの足を前に出して移動しやすい姿勢をとる。左右どちらの足が前にきてもいいように練習しておこう

力まずに全身をやわらかく使うのがポイント

バレーボールの基本、オーバーハンドパスでは、力みは禁物です。腕の力でボールをはじいて上げるのでなく、全身をやわらかく使って、からだで上げるように心がけましょう。手先だけでは正確なパスが上げられません。

からだをやわらかく使うためには、背すじをまっすぐに伸ばし、力まずにリラックスしてヒジ、ヒザ、足首を曲げておくことが大切です。すばやくボールの下に入って、この姿勢をとれるように練習しておきましょう。

BASIC FORM

横から見たポイント

●ヒジ

ヒジをしっかり曲げ、ボールを受けるときには十分に顔の前まで引きつける

●腰

からだに力が入らないように自然に腰を落として安定させる。背すじはまっすぐに伸ばし、前かがみにならないよう気をつける

●ヒザ

ヒザは十分に曲げ、重心を少し前におく。ヒザのバネがよく効くように少し内側にしぼるようにかまえる

✕ 上半身が前かがみになったりヒジを左右に広げすぎるのはNG

チェックポイント

ヒジを左右に広げすぎると下半身の力が十分にボールに伝わらずに正確なパスが出せなくなる。

前かがみになりすぎると重心が不安定になり前に押し出すようなパスになってしまうので気をつけよう

両手を上げて、しっかりとボールの下に入る

落下点にすばやく入り腰を落として全身で上げる

バレーボールのきほん
1
MIKASA

オーバーハンドパス②

全身をクッションに勢いと回転を吸収する

まずは手を上に準備して落下点に入ります。落下点に入ったら、十分に腰を低くして顔の目の前までボールを引きつけて受け、そのまま全身のバネを使って上げるようにしましょう。腕だけでなく、ヒザの力を徐々に上につなげていくイメージで行いましょう。

ボールを受けるときにヒジが伸び切っていたり、上げるときにヒザが伸び切ってしまったり、背中が丸まっていると、正確なパスが出せません。姿勢に気をつけて力まずにやってみましょう。

手先だけでなく、全身のバネを使って上げる

ボールを顔の正面まで十分に引きつけて受ける

からだが伸び切ったままボールを受けてしまうとコントロールできなくなってしまう

チェックポイント

ヒジやヒザが伸び切ったままボールを受けてしまうと、ボールの勢いを殺しきれずに、手ではじいてしまう手打ちになって、パスの強さやコースのコントロールができなくなってしまう。

落下点に入ったら、しっかり腰を落として、力まずにからだ全体でていねいに上げるよう心がけよう。正しく上がっていればボールは回転していないはずだ

バレーボールのきほん 2
アンダーハンドパス①

片足を前に出して、左右に強いボールが来ても対応できるようにしておく

正面から見たポイント

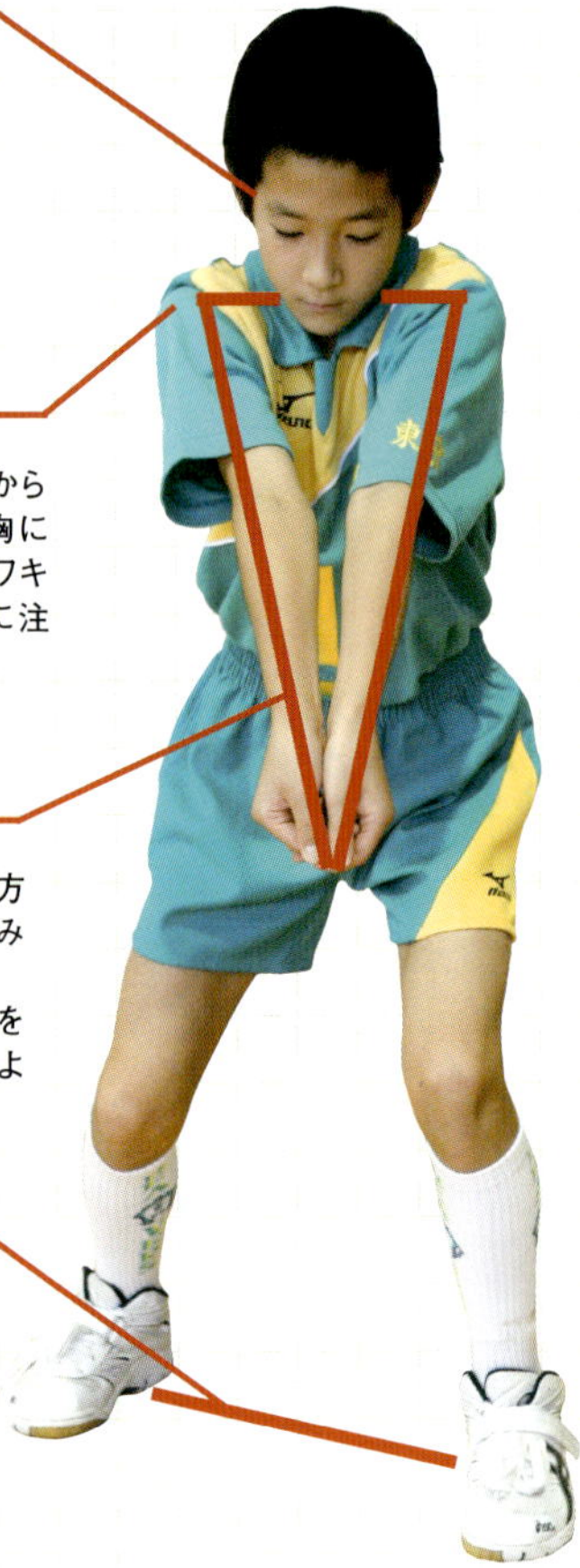

●目

ボールから目を離さず腕を準備して待つ。ボールを受けるときにはアゴを引きボールを受ける面を見ながら、ボール越しに上げたい方向を見る

●肩

ボールが来る方向にからだを向けて、両肩を胸に向かってしぼりこむ。ワキが横に開かないように注意しよう

●手

両手の親指を合わせ、一方の手をもう一方の手で包みこむようにしっかり組む。
両腕と肩で二等辺三角形をつくり、この形をくずさないように心がける

●足

スタンスは肩幅よりもやや広くとり、動きやすいように片足を前に出しておく。利き足だけでなく、状況に応じてどちらの足を出していても、すばやく左右に動けるようにしておこう

腰を落として全身でコントロールする

腰より下のボールはアンダーハンドでパスをします。ここでも手先だけでは、正確にボールをコントロールできません。全身をリラックスして、からだ全体でバネを使って返すように心がけることが大切です。

とくに強いボールやきびしいコースのボールを受けるときに、勢いを殺さなければなりません。全身のバネを使って勢いを吸収し、パスを受ける人のことを考えて、ていねいに上げることが大切です。

横から見たポイント

●ヒジ

両ヒジを内側にしぼりこむようにまっすぐに伸ばして固定する。腕だけでボールを受けるのでなく、下半身を使ってからだ全体で受けるように心がけよう

BASIC FORM

●ヒザ

ヒザは十分に曲げて、ボールを受けるときにバネを使って、からだ全体で上げるようにする

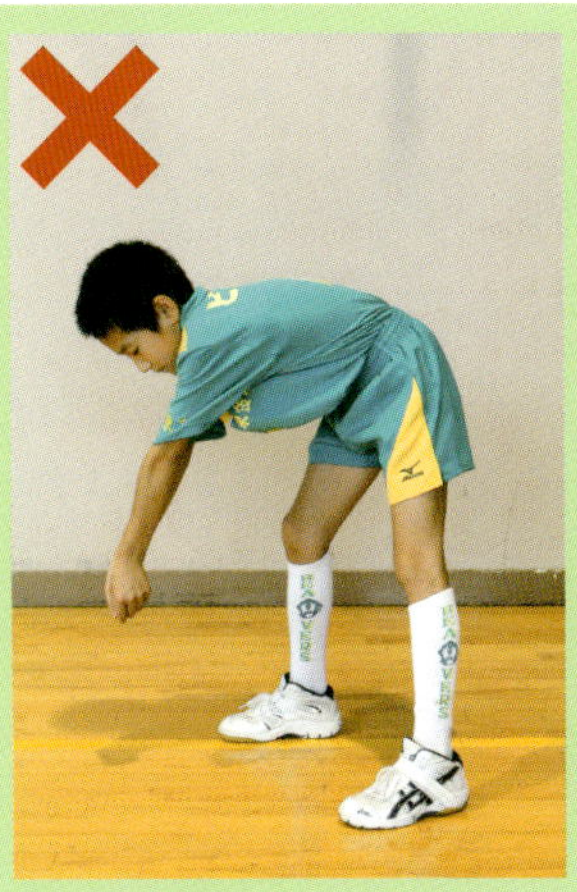

腕だけ振り上げて受けないように気をつけよう

チェックポイント

初心者によく見かけるのが股の間から腕だけを振り上げたり、腰を落とさずに腕だけで低いボールを受けてしまう例。腕だけで打ってしまうと強さがコントロールできないだけでなく、コースもズレてしまいがち。全身でていねいに、味方のとりやすいボールを上げるようにしよう

姿勢を低くして、ボールの正面に移動する
両腕でつくった面を出したい方に向ける

下半身をやわらかく使って腰でボールを上げるイメージ

バレーボールの
きほん
2
アンダーハンドパス②

ボールを呼びこんでヒザをやわらかく使う

アンダーハンドでは、ボールの正面に入ってパスを出したい方に両腕でできた面を向けるのが基本です。このときに上半身、下半身ともに力まずにやわらかく使うことが大切です。

腰を落としてボールを呼びこんだら、ヒザをやわらかく使って、全身でていねいに上げるのがポイントです。腕だけではじきかえしてしまうと、コースはもちろん、強さの調節ができなくなって、パスを受ける方もむずかしくなってしまいます。つねに相手のことを考えてパスを出しましょう。

腕だけでなくヒザをやわらかく使っててていねいに上げる

✕ 手先だけでコントロールすると正確なパスは上げられない

チェックポイント

左右に来たボールを手先だけで上げようとすると、コントロールできなくなってしまう。かならずボールの正面に移動して、全身で上げるように心がけよう。からだ正面に来た場合も、手打ちでなく、しっかり全身を使っていねいに上げることが大切

COLUMN 1 審判のハンドシグナルをおぼえよう①

ルールをしっかりおぼえて審判をできるようにしておこう

練習試合や紅白戦などでは、
選手が審判を行わなければならないことも多い。
主審のハンドシグナルをおぼえておくことも大切。
そうすることでルールをおぼえ、
ルールを踏まえたしっかりしたプレーもできるようになる

はじめてバレーボールをはじめる小学生は、バレーボールのルールを知りません。練習していくうちにある程度は分かるようになってきますが、しっかりどこかで教えておくことが大切です。

「下級生から何年間もやっているからわかるはず」などと思っていても、意外と知らないものです。少なくとも上級生になって、公式戦に出るまでには、しっかりおぼえさせておくことが大切です。

同時に審判のやり方もおぼえさせましょう。紅白戦や練習試合で審判をやらなければならない状況も多いはずです。しっかりルールとハンドシグナルをおぼえ、審判をできるようにしておきましょう。

ルールを確実におぼえておくことで、自分のプレーにも自信が出てくるはずです。また審判を務めることで、審判の立場や視点から客観的に選手を見られるので勉強になるはずです。

審判の種類

●主審

やったことはなくても試合で誰もが見たことはあるはず。ネットの延長上の審判台に座り、笛を口に加えて、全てのジャッジを行う。

片手をネットのワイヤーに置き、その振動でタッチネットなどを見極める。

最初は緊張するかもしないが、機会があれば練習試合などで慣れておこう。しっかりとしたルールの知識と的確な判断力が必要とされる。

（シグナルはP42、P70で解説）

●線審

コートのコーナーで旗をもってボールのインアウトをジャッジするのが線審。ゼスチャーは少ないものの、主審から見えにくいところのジャッジを行うため、重要な役割だ。

ボールがコート内に入った場合は、旗でコートの内側を指し、アウトの場合は旗を真上に上げる。ブロックにワンタッチした場合は、旗を上に向け、もう一方の手の指の腹で旗の先端に触れる。

●副審

主審の反対側のポスト前にいる副審。ネットぎわのプレーで、選手が陰になって主審から見えないプレーをおもにジャッジする。

主審同様、しっかりとしたルールの知識が要求される。

●得点係

試合を見ながら得点板の点数を変えていく係。座ってボーっとしていると得点が入ったかどうかわからなくなってしまうので気をつけよう。選手だけでなく、観客も見ているので間違えてしまうと恥ずかしいものだ。

Chapter2

レシーブ

Receive

落下点にすばやく入り 両手でしっかり面をつくる

試合ではきびしいコースや強烈なスパイクをどれだけひろえるかがポイントになる。
セッターが上げやすいところにボールを返せなければ、いい攻撃にはつながらない。
まずは基本を確実にマスターし、さらに仲間に対する気持ちと
最後まであきらめずにボールを追いかける姿勢を加え、レシーブの達人になろう

東金町

レシーブのきほん

1 アンダーハンドレシーブ①

両ワキをしめ、ヒザをリラックスさせてするどいスパイクに準備する

スパイクレシーブは下半身の動きで決まる

アンダーハンドレシーブの基本はアンダーハンドパスと同じです。しかし、強烈なスパイクやサーブを受けるには、まず落下点にすばやく入るための俊敏性が必要です。

ヒザをしっかり曲げてかまえ、低い姿勢のまま、ボールの下側を見るようにすばやく落下点にからだをすべりこませ、からだの正面で受けるのが理想です。ボールの勢いに負けないように、しっかり腰を入れ、少し前傾気味にかまえておくといいでしょう。

ヒザをやわらかく使ってからだ全体でボールを上げる

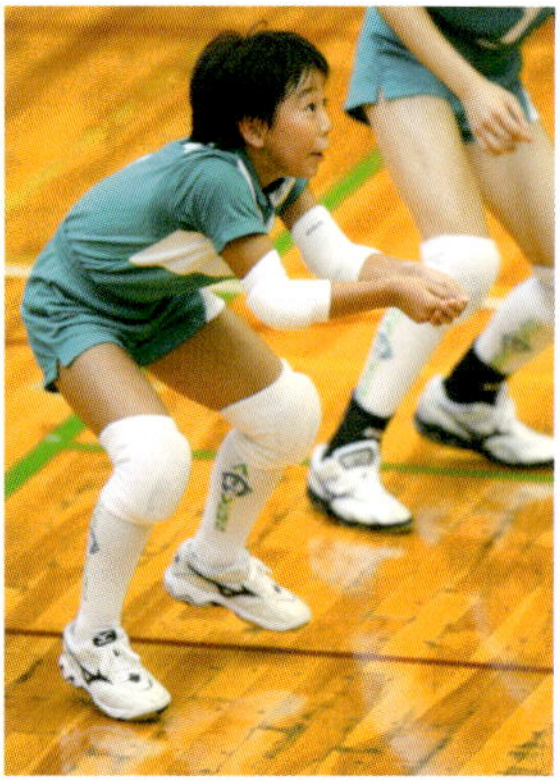

ヒザを曲げ、腰を低くした移動しやすい状態で待ち、すばやく落下点に入ってボールを上げる

両ヒジを内側にしめてしっかり面をつくる

強いスパイクに反応するためには、スパイクが来る前からしっかり両手を準備しておくことが大切。両肩と両腕でつくられる二等辺三角形の面づくりからはじまる

●からだの正面でボールを受ける

強いスパイクなどを受けるときに、打球の勢いに負けずに正確にコントロールするために、からだの正面で受けるように姿勢をつくろう

●重心を前におく

強いボールに負けないように、前傾姿勢で重心を少し前においておく。ヒザの内側に力を入れるように意識してかまえておこう

●目

ボールから絶対に目を離さないことが大切。低い姿勢から目線を上げてヒットするまでボールの下側を見るようにしよう

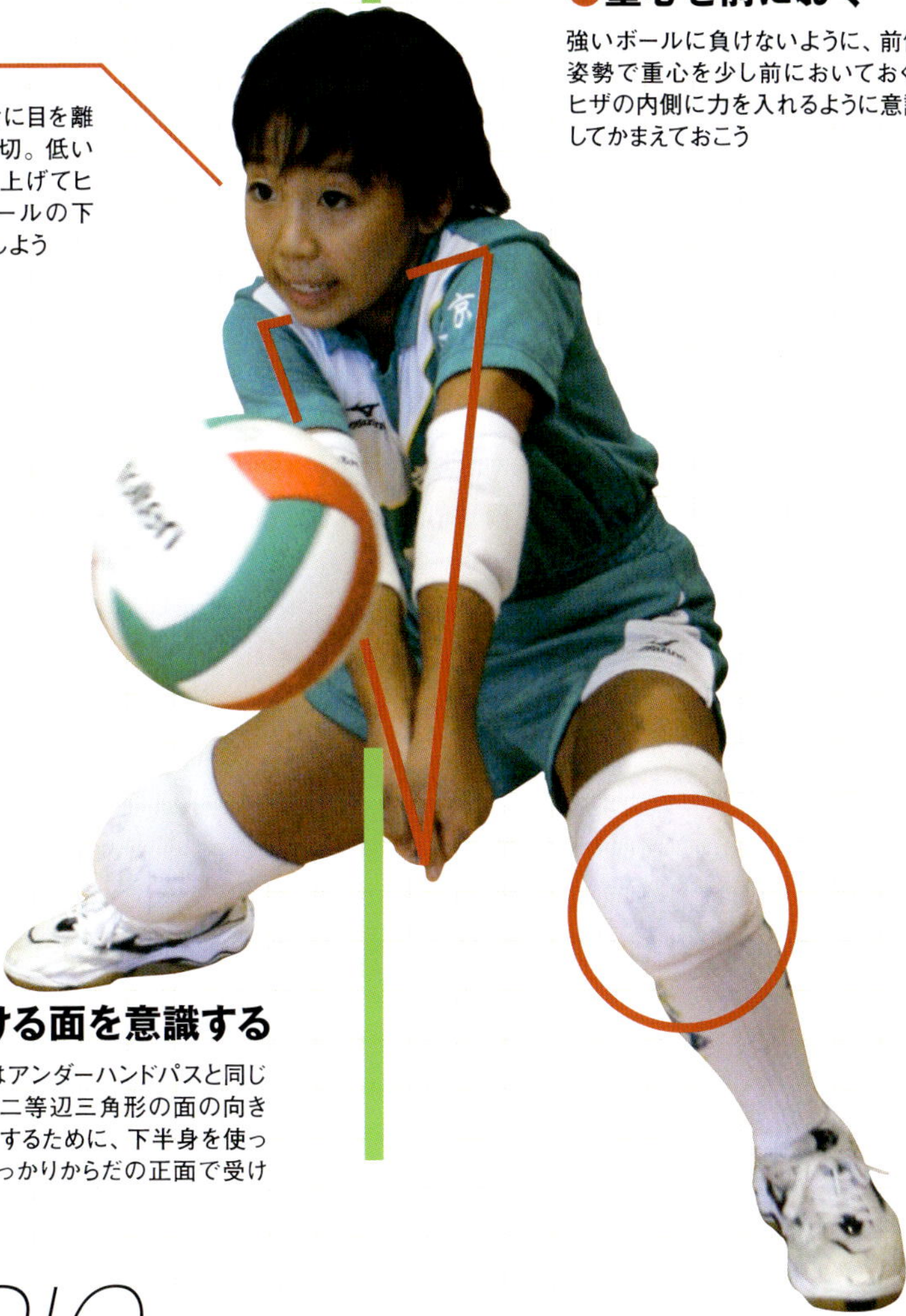

●ボールを受ける面を意識する

レシーブのコントロールはアンダーハンドパスと同じで、両肩と両腕でできる二等辺三角形の面の向きで決まる。この面を調整するために、下半身を使ってボールの下に入り、しっかりからだの正面で受けることが大切になる

BASIC FORM

●ヒザと腰でボールを上げる

強いボールのときにはヒザをやわらかく使うのがポイント。落下点にすばやく入り、ヒザをやわらかく使ってからだの向きを調整し、腰を入れてからだの中心でボールを受ける

足を踏みこむと同時に
しっかり腰を入れる
全身でバランスをとりながら
上げたい方向に面を調節する

低い姿勢を保って腰からすばやくボールの下に入るのがポイント

レシーブのきほん
1

アンダーハンドレシーブ②

腰を入れ、ヒザをやわらかく使って腰で上げる
ボールを下から見ながら、低い姿勢で落下点に入る

ヒザをやわらかく使い、腰で上げるイメージ

落下点に入るときに腰が高くならないようにすることが大切です。大きく一歩踏みこんだときに前につんのめってしまわないように、目線は必ずボールの下側から見上げるように心がけましょう。

ヒットするときにはしっかりと面を上げたい方向に向けます。このとき両腕と両肩でつくった三角形をくずさないためにも、手先でコントロールしようとしてはいけません。からだの中心でボールを受け、からだ全体でしっかりコントロールしましょう。

ボールを上げるときは腕を振り上げるのではなく、ヒザをやわらかく使って、腰で上げるようなイメージを持つことが大切です。

セッターがトスを上げやすいところにていねいに運ぼうとする気持ちがプレーに表れます。

落 下点に腰をすべりこませ、
からだの正面でボールを受ける
ボ ールに近い足からすばやく
サイドステップで移動する

左右に動いてのレシーブでは、ボールに近い足からサイドステップで移動

レシーブのきほん 1

アンダーハンドレシーブ③

強いボールでも こわがらずに 腰を落として前傾する

強いスパイクが来たときに、腰がひけてしまったり力が入ってしまうと、ボールをコントロールできなくなってしまう。ボールの強さに負けないようにしっかり前傾し、ヒザをやわらかく使って対応しよう

腰を入れ、ヒザをやわらかく使って面の向きを調整する

チェックポイント 腰が高く手打ちになったり ボールの勢いに負けて のけ反ってしまうのはNG

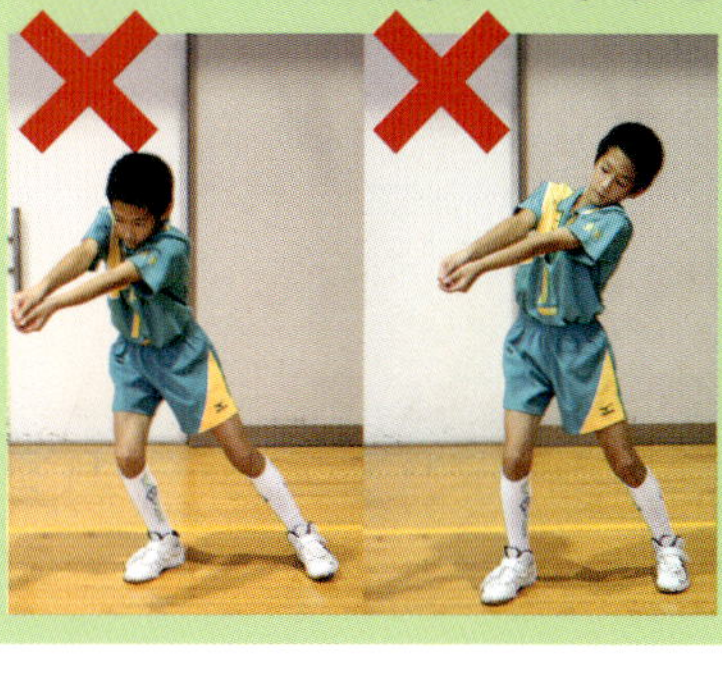

反応が遅れて腰が高くなって手だけでひろいにいったり、強いボールをこわがってからだがのけ反ってしまうと、ボールの勢いに負けてコントロールを失ってしまう。しっかり腰を入れて受けることが大切だ

試合中にからだの正面にボールが来ることはごくまれなものです。すばやいステップワークで基本の姿勢を保てるように努力しましょう。

動き出しのスピードと、ボールの下に入るからだの使い方がポイントです。つねに基本を意識しながら練習しておきましょう。

オーバーハンドでひろえば攻撃のチャンスも広がる

肩より高いボールが来たときにはオーバーハンドで対応しよう。とくにサーブカットでは、アンダーハンドより正確にボールをコントロールできるオーバーハンドで受けることで、その後の攻撃の幅も広がる。強いスパイクを受けるときも、ひるまずにしっかりコントロールしよう

レシーブのきほん 2

オーバーハンドレシーブ①

コントロールしやすいオーバーハンドのサーブカットで攻撃のチャンスが広がる

横から見たポイント

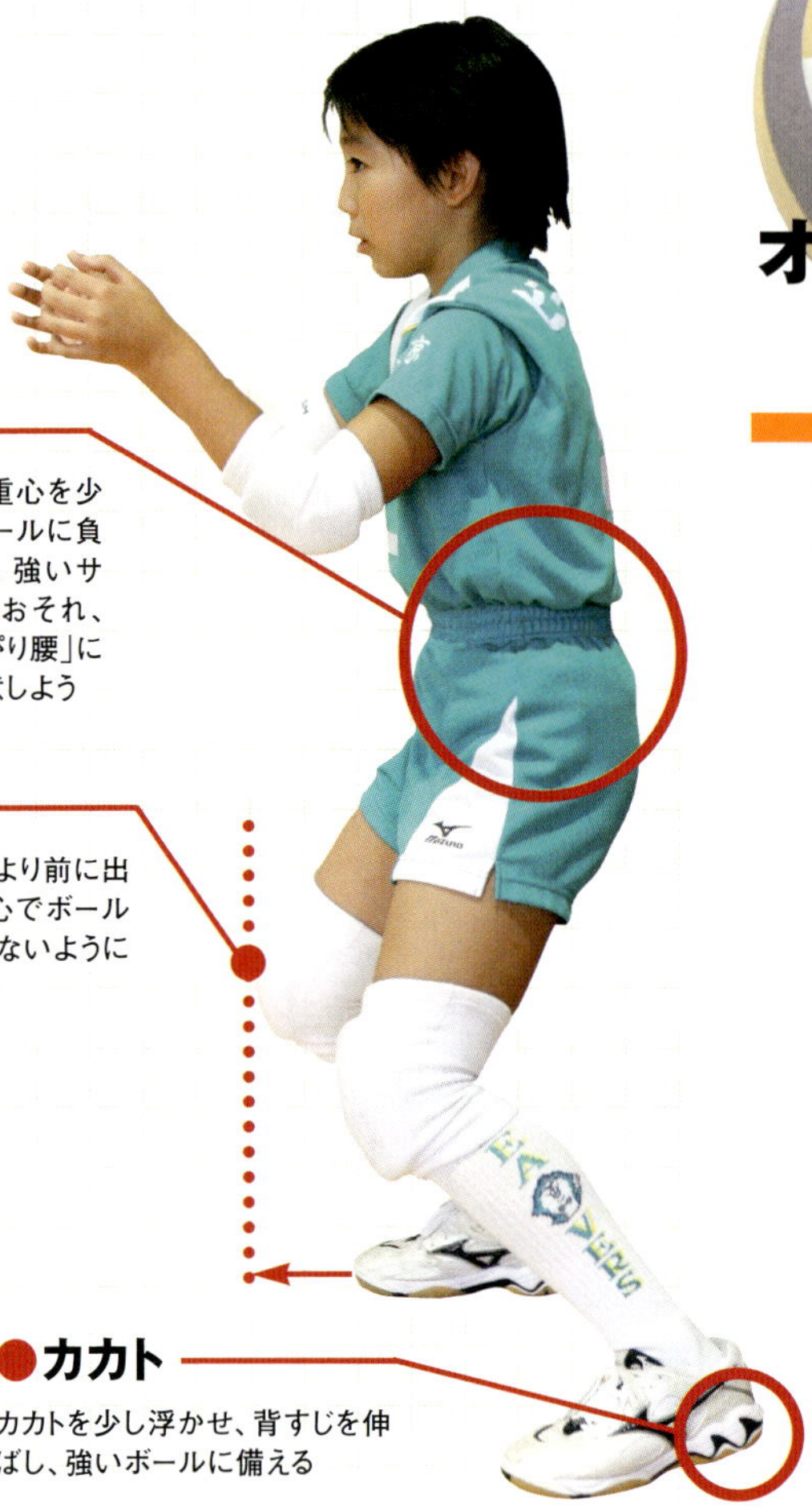

●腰

背すじを伸ばし、重心を少し前にして強いボールに負けないようにする。強いサーブやスパイクをおそれ、腰がひけて「へっぴり腰」にならないように注意しよう

●ヒザ

ヒザはツマ先より前に出し、ツマ先重心でボールの勢いに負けないようにやわらかく使う

●カカト

カカトを少し浮かせ、背すじを伸ばし、強いボールに備える

全身をリラックスして勢いを吸収する

サーブカットでは、スパイクに比べて、レシーブの準備をする時間が比較的とりやすくなります。そこでコースを読んで、できるだけオーバーハンドでレシーブすることで攻撃のチャンスが広がります。アンダーハンドレシーブに比べて、ボールのコントロールがしやすいため、セッターに正確なボールを返したり、ツーアタックにつなげられるからです。

受け方の基本は、オーバーハンドパスと同じですが、勢いのあるボールに対しては重心を前にお

正面から見たポイント

●手

指を自然に開いた状態で手が下がらないようにかまえておく。できるだけ顔の近くまで引きつけて受けるのが理想

BASIC FORM

●ヒジ

両ヒジを高い位置に保つ「エルボーアップ」。ヒジを伸ばし切ってボールを受けると勢いに負けてしまうので気をつけよう

●足の幅

スタンスは肩幅より少し広め。カカトを浮かせたツマ先荷重でバネを使えるように備えておこう

チェックポイント

ヒジやヒザが伸び切ったり、腰がひけてしまうのはNG

力んでヒジやヒザが伸び切ってしまうと、スムーズな動きができなくなり、ボールタッチもかたくなってコントロールできずにはじいてしまう。しっかり腰を落としてリラックスできるようにしておこう

き、ボールの勢いに負けないようにすることが大切です。ヒジを高い位置に保って、ヒザをしっかり曲げ、ボールの勢いを吸収しながらレシーブできるように練習しておきましょう。

からだの正面でしっかり
ボールをとらえる
腰を落として水平の目線で
ハンズアップしてかまえる

スパイクレシーブは ボールの勢いを こわがらずに 両手ではね上げる

レシーブのきほん 2

オーバーハンドレシーブ②

チェックポイント 腕が伸び切っていると勢いに負けてしまう

ヒジやからだが伸び切ったまま強いスパイクを受けようとすると、ボールの勢いに負けて大きくボールをはじいてしまう。
からだに余裕をもたせたところから、十分に引きつけて、全身でボールを押し出すように受けることでスピードを吸収してコントロールしやすくなる

球の勢いに負けないよう少し前に体重を乗せる

オーバーハンドパス同様、顔の前で両手で三角形をつくって、両手をタイミングよく返してはね上げるのがポイントです。

ここでもヒジやヒザが伸び切っていては、単にはたくだけになってコントロールできません。しっかり顔の前に引きつけ、バネを使うことが大切です。

正面から見たポイント

●手

ヒジを曲げ、両手で顔の前に三角形をつくる。ボールの勢いに負けないよう、前方ななめ上に上げるよう心がけよう

●ヒザ

ヒザをしっかり曲げ、腰を落として少し前に体重を乗せておくことが大切。ネット近くの場合は、さらにヒザを曲げ、腰を落としてネットを見上げるようにかまえておこう

低い姿勢のまま落下点に向かってダッシュ

両手をやわらかく使って衝撃を吸収する

レシーブのきほん 3 フライングレシーブ

遠くに来たボールでも決してあきらめずに低い姿勢から飛びこんでいこう

あきらめずに追う姿が仲間の心を熱くする

フライングレシーブは、少し離れたところに来たボールをひろう最後の手段です。空いたスペースに打ちこまれたスパイクや味方のブロックにワンタッチしたボールをひろうときなどによく見られるレシーブと言えます。

低い姿勢のままボールを追いかけ、最後は床を蹴って胸からすべりこみます。ボールをとらえるまで、面をしっかりキープすることが大切です。

すべりこむときには、まず両手をついて衝撃を吸収してから、思

助走のスピードを落とさずに床をける
面をくずさずにしっかりボールをとらえる

胸が床についたら両手を上げ、そのまま前にすべりこむ

い切って胸からすべりこみましょう。ヒジやヒザをついてかばおうとすると、ケガにつながるおそれがあります。

　難しいボールが来ても、あきらめずに思い切りよくひろいに行く姿勢は、たとえ追いつかなかったとしても、チームメイトの心にひびくプレーとなります。

チェックポイント

ヒジやヒザでかばうとケガをするので注意

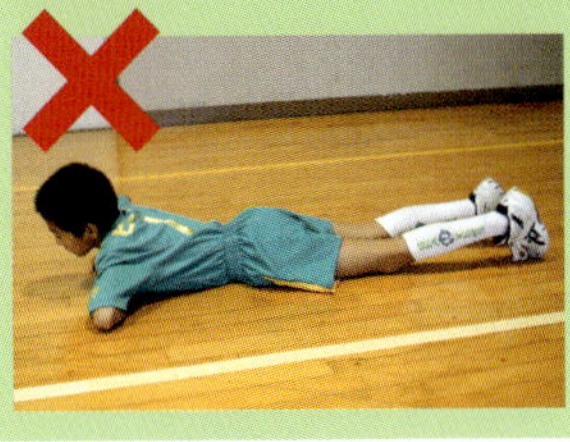

運動神経ができあがる小学生の時期に、こういった練習でからだの使い方をおぼえておくことは大切。
しかし、ヒジやヒザでからだをかばおうとすると、ケガも起こりやすいので注意することが大切

COLUMN 2　審判のハンドシグナルをおぼえよう②

●タイムアウト

それぞれのチームは1セットに2回まで30秒のタイムアウトをとれる。監督もしくはキャプテンが要求できる。

タイムアウトはベンチ周辺のコート外に出なければならない。手でT字をつくって指示

●サーブ許可

サーバーがボールをもち、両チームがプレーの準備ができたらサーブの方向を指示。この合図の前にサーブしてはいけない

●ブロックの反則

サーブを打つチームのブロックがサーバーを見えなくする動きをしたり、サーブのブロックなどをしたとき。手のひらを前に向け、両手を上げる

●ディレイ・イン・サービス

主審が許可の笛をふいてから8秒以内にサーバーが打たなかったり、正規の位置にいないとき。

指を8本立てて両手を上げる

●選手交代

それぞれのチームは1セットに最大6回の選手交代ができる。監督もしくはキャプテンのみがその要求をできる。競技者交代ゾーンで行う。

両腕を胸の前でぐるぐる回す

●ポジショナルフォールト

サーバーのローテーションの順番が間違っている場合。片手の人差し指で体の前で円を描く

●サーブ時の反則

サーブの空振り、トスをせずにボールを打った場合。手のひらを上に向けて、体の前で下から上に上げる

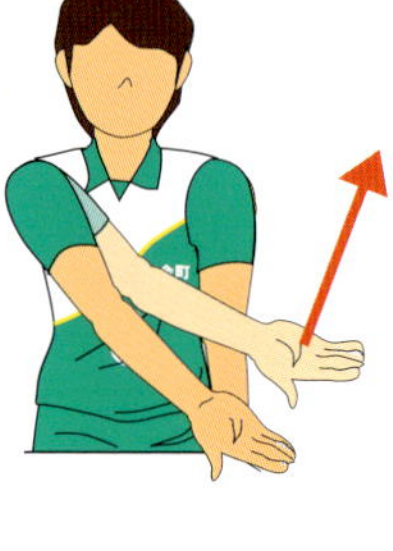

●キャッチボール

ボールをヒットせずに、つかんだり、投げたりしたとき。片方の手のひらを上に向け、下から上に向かってヒジを曲げ伸ばしする

←P70につづく

Chapter3

スパイク

Spike

チーム全員がスパイクを打てるようにしておこう

どんなにすばらしいレシーブを連発しても、それだけでは得点につながらない。試合に勝つためには、優れた攻撃力、つまりスパイカーの存在が不可欠。将来に向けて、未知数の可能性をもつ小学生の時期に、全員がスパイクを打てるように、日頃から練習しておくことが大切だ

スパイクのきほん 1

オープンスパイク①

ボールに体重を乗せ高いところからより強くスピードのあるボールを打つ

オープンスパイクでは左手の使い方が大切

スパイクでは、できるだけ高いところから、からだの力を効率よく使って、ボールの中心を打つことが大切です。

スパイクのもっとも基本となるのが、セッターが上げたトスに合わせたステップから、高くジャンプして打ちこむオープンスパイクです。

小学生の場合、筋力が未熟なため、まずはバランスをくずさずに、タイミングよく打てることを目標に練習しましょう。左手の使い方がポイントとなります。

スパイクのからだの使い方

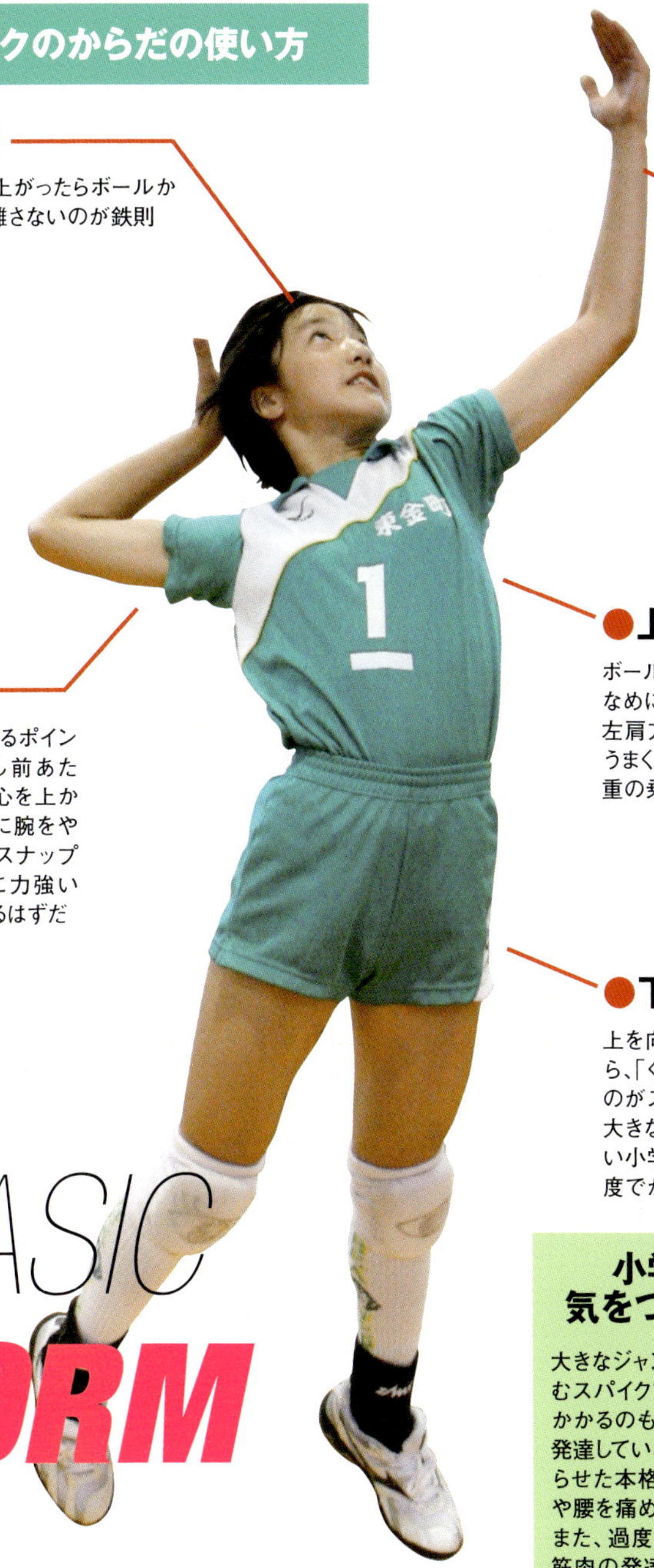

●目
トスが上がったらボールから目を離さないのが鉄則

●左手
スパイクを打つ前には左手を前にもってきてからだのバランスをとる。右手を振りはじめるときには、左手をたたんで後ろに引くことで、腕の振りが速くなる

●上半身
ボールを打つ瞬間までネットになナめにかまえ、打つときに右腕を左肩方向にひねる。この反動をうまくボールに伝えられれば、体重の乗った強いスパイクとなる

●右手
ボールをヒットするポイントは左肩の少し前あたり。ボールの中心を上から打つ。力まずに腕をやわらかく使ってスナップがきけば、さらに力強いスパイクが打てるはずだ

●下半身
上を向いてからだを反らせた状態から、「くの字」にかがめるように打つのがスパイクの基本だが、腰や肩に大きな負担がかかるので、筋力の弱い小学生の時期はバランスをとる程度でかまわない

BASIC FORM

小学生の指導で気をつけたいポイント
大きなジャンプから全身を使って打ちこむスパイクでは、からだに大きな負担がかかるのも事実。小学生はまだ筋肉が発達していないので、無理に体をのけ反らせた本格的なスパイクをさせると、肩や腰を痛めてしまうので気をつけよう。また、過度の筋力トレーニングも不要。筋肉の発達期を迎えていないので、無理に筋肉をつけてしまうと柔軟性が損なわれ、ケガや成長の障害にもなりかねないので注意しよう

3 歩目は大きく踏みこみカカトから入るのがポイント
ス テップに合わせて、腕を振り上げてジャンプ
3歩目
>>
引きつけ
>>
ジャンプ

基本は3歩助走。腕を大きく振って、勢いをつけて大きくジャンプ

スパイクのきほん 1

オープンスパイク②

ボールから目を離さず、3歩目を踏みこむ手前で腕を後ろに振り上げる
トスの高さに合わせてタイミングよくスタート
1歩目
2歩目

スピードに乗って リズムよくジャンプする

スパイクの助走の基本は3歩ステップです。ツーアタックや余裕のない場合は例外ですが、ネットに近い場合は一度、後ろに下がってから、この3歩ステップで打つように心がけましょう。

リズムをとりやすく、スピードも乗りやすいので、力強いスパイクが打てます。しかし、その分、相手のブロックもタイミングを合わせやすく、力と力の勝負になる場面も多くなります。しっかり体重を乗せたスパイクを打てるようにしておきましょう。

長い助走のときも、最後の3歩でタイミングをとってジャンプすると打ちやすいはずです。ただし助走の勢いを効率よく活かすためには、長い助走からでも最後の3歩のリズムをくずさずに、3歩目を大きく踏み出します。日頃の練習で踏み切りの目安をつくっておくといいでしょう。

左 腕を力強く引きながら
右腕を振り抜く
手 首をやわらかく使って
スナップをきかせる

助走のスピードを ジャンプの 高さに変えて 力強く打ちこむ

スパイクの
きほん
1

オープン
スパイク③

左 手を上げて、しっかりボールを呼びこむ
3 歩ステップから、腕の振りを使って勢いよくジャンプ

左手を引きつけながら力強く右手を振り抜く

スパイクを打つときに大切なのは左手（右利きの場合）の使い方です。スパイクを打つときに空中でバランスをくずさないために、左手を上げてボールを呼びこむことが大切です。左手をしっかり使うことで、ジャンプのタイミングが多少ズレたときでも、からだのバランスをくずさずに、ボールを自分のヒットポイントまで呼びこめるようになるのです。

ボールを打つ右腕は力を抜いた状態で、ヒジを耳の高さまで上げ、後方に巻きつけます。左腕を引きながら勢いをつけて前に振り抜きます。ヒットポイントは左肩の少し前あたりで、ボールの中心を打つのが基本です。

右腕を後ろにかついだときに、手首をリラックスさせ、ボールにヒットするときに手のひらを返すようなスナップが使えると、ボールの威力が増すでしょう。

スパイクのきほん 2
クロススパイク

クロススパイクでは、コースを見破られないようにボールの左側を腕をひねって打つ

腕の振り抜き方を変化させてコースを打ち分ける

ヒットまでのフォームはストレートと同じ

コートをななめに打ち抜くクロススパイクでは、打つコースを見破られないことが大切です。ボールをヒットするまでは、ストレートと変わらないフォームで、ボールを打つ位置や腕の振り抜き方で調整します。

右利きの場合、レフトからのクロスなら、からだは正面を向けたまま、ボールの少し左側を、腕を外側にひねるように打ちます。振り抜きで親指が外側に向く感じです。左肩が下がってしまいがちですが、両肩が水平になるよう心がけましょう。

か らだは正面を向いたまま、ストレートと同じフォームをキープする

左 肩が下がりやすいので、両肩が水平になるよう注意しよう

腕は振り切らず、ヒット後に伸ばすイメージ

スパイクのきほん 3 ニアネット

ネットぎわに上がったボールは、手首をやわらかく使ってスナップをきかせるのがポイント

なるべく高い位置で腕を振りきらずに打つ

ネットぎわに上がったボールを、普通のスパイクと同じように打ちこもうとすると、タッチネットになってしまいやすいものです。これをさけるのには、ヒジを伸ばして、できるだけ高い位置で打つのがポイントです。

高い位置で、手首のスナップをきかせて打つようにしましょう。ここで気をつけたいのが、ボールを打った後に腕を振り切らないことです。そのまま振り抜いてしまうとネットに触れてしまいます。

高い位置で、ヒジを伸ばしてボールをとらえるよう心がける

振り抜くのでなく、手首のスナップで打つイメージ

ネットを意識しすぎてしまうと手打ちになってしまいます。しっかりとボールの中心をとらえることが大切です。ボールを打つ瞬間に高く伸ばした腕を、そのまま伸ばし切るイメージで打ち終えるようにしましょう。

チェックポイント

ジャンプの勢いをつけすぎたり振り抜こうとするとネットに触れやすい

いつものスパイクのタイミングでジャンプして腕を振り抜こうとしたり、助走の勢いがあまってしまうと、振り抜いた後の腕がネットに触れてしまいやすい。より高い位置で、手首のスナップで打つことを心がけ、ミスを減らしていこう

スパイクのきほん 4

フェイント

逃げのフェイントでなく、相手のスペースを狙った攻撃的なフェイントをしよう

ボールを打つ直前で手のひらを開いて指先で落とす

相手の動きをしっかり見て、いちばん嫌がるところに落としていこう

相手をしっかり見る心の余裕をもとう

フェイントをしかけるときのポイントは、ボールにさわる瞬間まで、スパイクと変わらない動きで行うことです。ボールに触れる直前に、手のひら開いて指先でボールを落とします。

打つ前にしっかりと相手のフォーメーションやブロッカーの位置を確認した上で、もっとも効果的な場所に落とすように心がけましょう。

スパイクを予測した相手が、コート中央の空いたスペース、ブロッカーの裏や外側などにボー

助 からボールに触れるまではスパイクと同じ動きで

ルを落とされれば、その名の通りふいをつかれ、対応しきれなくなるでしょう。

ここで注意したいのは、決して苦しまぎれの逃げのフェイントをしないことです。トスにタイミングが合わなかったり、バランスをくずしてフェイントで逃げるのは、読まれやすく、逆に失点につながってしまいます。

スパイクのきほん 5
ブロックアウト

相手のブロックにきっちりとつかれた場合はブロックアウトを狙うのも手段

ボールを打つ位置と腕の振り抜きを変えてボールに回転をかける

ブロックアウトを狙うときは、左右に回転をかけたボールで押さえこまれても自陣のサイドラインの外に落ちるように、サイドラインぎわのブロッカーに当てるようにします。

レフトから狙う場合は、腕を左に振り抜き、ボールに右回転をかけます。ライトのときは、親指を外側にひねるように、ボールに左回転をかけます。

どちらも外側のブロッカーの手に当て、サイドラインの外にボールをはじかせるのが目的です。

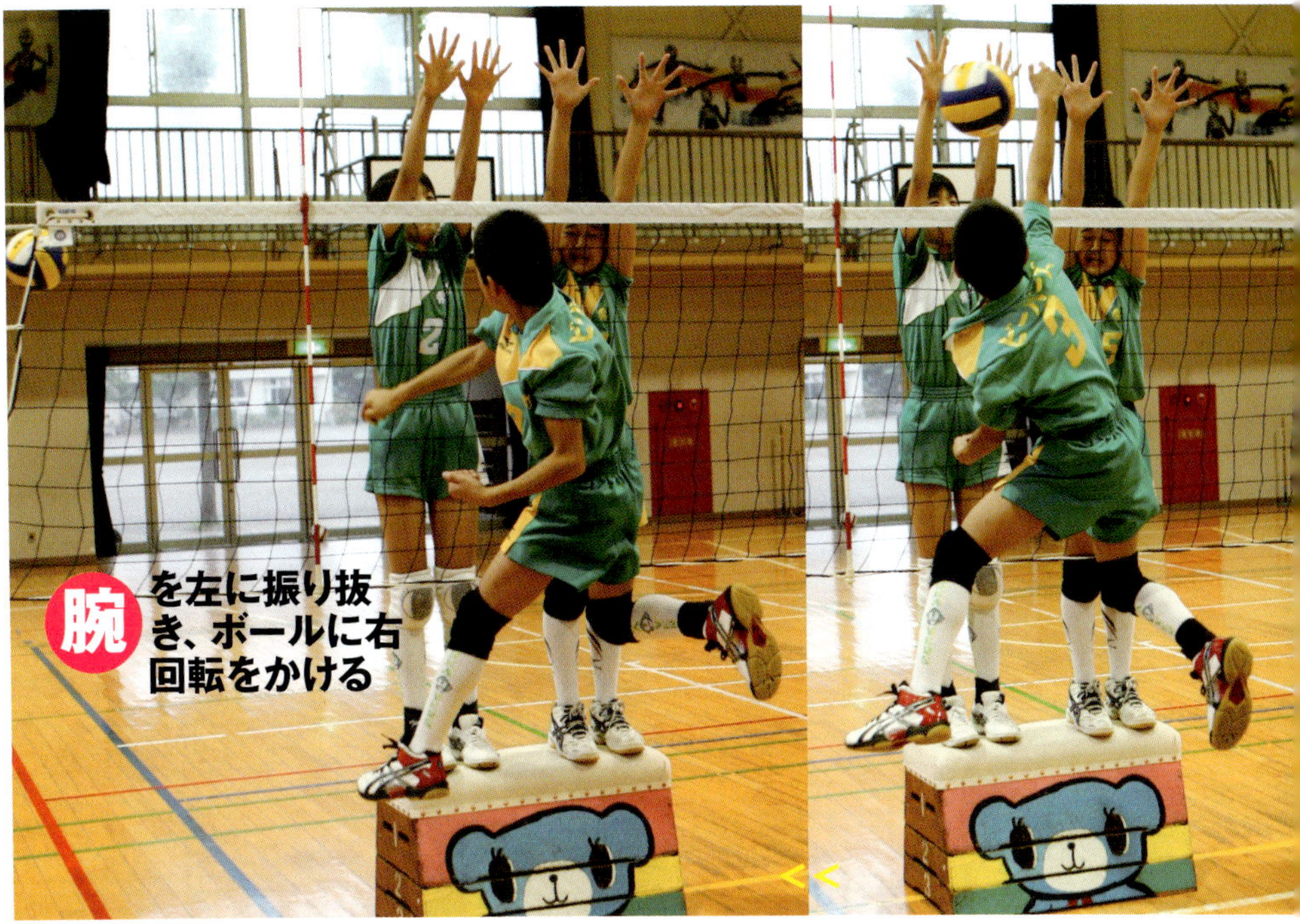

腕を左に振り抜き、ボールに右回転をかける

ボールに左回転をかけ、外にはじきやすくする

ジャンプトスをすることでチャンスは広がる

トスを上げる瞬間にスパイカーはジャンプに入っている

スパイクのバリエーション 1

Aクイック

セッターの正面でトスが頂点に達する前に上から打ちこむ

ヒジや手首のスナップをきかせ、コンパクトに打つのがポイント

ボールが上がり切る前に上から打ちこむ

セッターとのコンビネーションが成功の決め手

クイックとは、低く素早く上がったトスを打ちこむ、セッターとスパイカーによるコンビネーション攻撃です。

トスを上げる方向やスパイカーの位置によって、A～Dの4つの基本のバリエーションがあります。

Aクイックの場合は、セッターの目の前で、レシーブがセッターに入る前にスパイカーがスパイクの動作に入り、トスの上がるところを上から打ちこむ速攻です。

セッターがボールに触った瞬間には、すでにスパイカーはジャンプしているため、日ごろから2人のコンビネーションを練習しておくことが大切です。多少のズレが生じても、ジャンプしてからヒジや手首の使い方で調整のきくように、少しネット寄りで打つようにするとうまくいくでしょう。

2～3m離れたスパイカーに低くて速いトスを上げるBクイック

スパイクのバリエーション 2

Bクイック

ジャンプトスをすることで、相手が迷い、さらに効果が高まる

長く低いトスを上げて左右に相手ブロッカーをゆさぶる

Aクイックはセッターのすぐ近くから打ちこむ速攻でしたが、Bクイックではスパイカーの位置が異なります。セッターから2～3メートル離れたネットぎわからの速攻がBクイックとなります。

セッターとスパイカーの距離が遠くなる分、タイミングが合わせづらく、Aクイックよりむずかしくなりますが、相手のブロッカーにも予測されにくいので、得点につながるチャンスも大きくなります。

セッターとスパイカーの距離が離れるほど、相手ブロックを左右に大きくゆさぶれるため、効果的になります。このときトスが高く山なりになってしまわないように注意しましょう。トスのスピードが速攻のカギであることを忘れずに、日頃から練習しておくことが大切です。

ス パイカーの打点に向かって直線的に上げる

ト スのスピードとセッターとの距離を考えてジャンプする

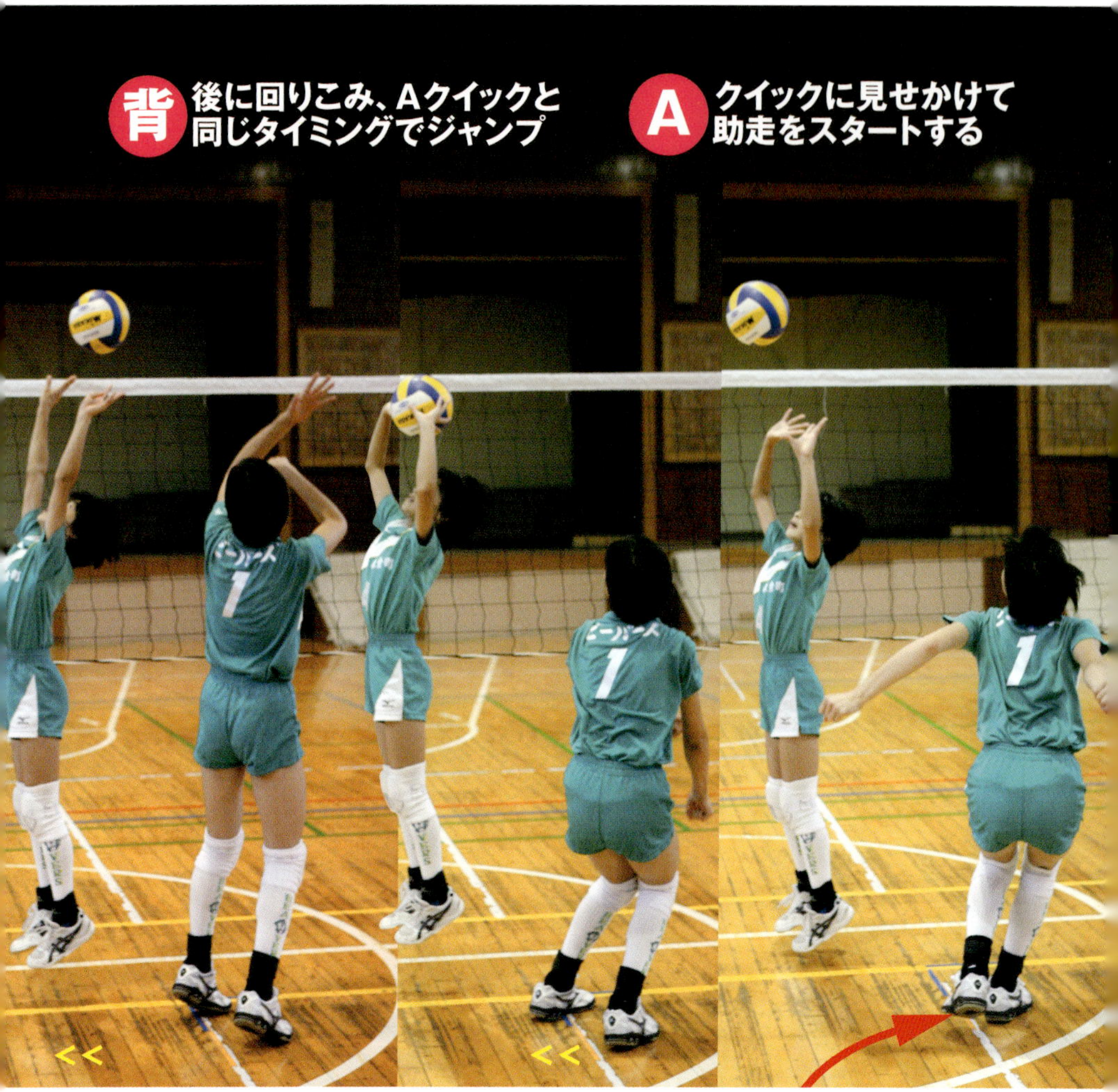
背 後に回りこみ、Aクイックと同じタイミングでジャンプ
A クイックに見せかけて助走をスタートする

Aクイックと見せてセッターの背後にすばやく回りこみ、バックトスを打つ

スパイクのバリエーション 3

Cクイック

相手ブロックのくずれたところを狙って打ちこむ

バックトスになる分、タイミングをとるのがむずかしくなる

Cクイックは Aクイックとほぼ同じタイミングで、セッターの後ろに回りこんで、バックトスが上がるところをすばやく打ちこむ速攻です。

セッターがトスアップのときにスパイカーが見えない分だけ、Aクイックよりむずかしいと言えるでしょう。日頃からコンビネーションの練習を重ね、タイミングが合うようにしておくことが大切です。

タイミングが多少ズレても、あきらめてフェイントに転じるのでなく、腕を振るタイミングやスナップをきかせて、ねばり強く打てるようにしておきましょう。

ここでもセッターがジャンプトスをすることで幅が広がります。ツーアタックや他の攻撃とおりまぜることで、相手が悩む要素を増やせるからです。

タイミングや距離感に慣れるのはむずかしいが決まれば決定打

スパイクのバリエーション 4

Dクイック

トスは高くなりすぎないようにネットと平行に上げる

直線的で鋭いジャンプバックトスで相手の裏をかこう

Dクイックはセッターとスパイカーの距離はBクイックとほぼ同じの2〜3メートルですが、背後へのトスとなるため、かなりむずかしくなります。

スパイカーが見えない上に距離が離れ、なおかつバックトスで直線的な鋭い軌道で上げなければなりません。

しかし、それだけに相手も予測しにくく、決まればほぼ決定打となることでしょう。

ここでも、Bクイックと同様に、トスが山なりになりすぎないように注意することが大切です。ジャンプバックトスができれば、さらに相手は迷うことでしょう。

まずセッターが正確なバックトスを上げられるようになり、次にスパイカーのコンビネーション、とハードルは高いですが、挑戦してみましょう。

セッターの背後2〜3mのところに走りこむ

相手動きを見て、ストレート、クロスに打ち分ける

クイックのタイミングで
3歩目を踏みこむ

タイミングを外して
スパイクへ

ひとり時間差は クイックと思わせ、相手ブロッカーの タイミングを外す

スパイクの
バリエーション
5

ひとり時間差

ト スを高めに上げる
のがポイント

ジ ャンプする直前の姿勢
をキープする

相 手のスキを見つけて
確実に打ちこもう

助 走がない分、高く
とべないので注意

ブロッカーの動きをしっかり見て、確実にタイミングを外す

ひとり時間差では、クイックのタイミングでジャンプポイントに入り、ジャンプすると見せかけて相手ブロックを先にジャンプさせます。

このときセッターもクイックのタイミングで、普段より少し高くトスを上げるのがポイントです。

スパイカーはフェイクを入れるため、自分のジャンプ力も少し落ちるので、確実に相手のタイミングを外して打ちこむことが重要です。

相手のタイミングを確実にズラすためには、フェイクのときに全身で伸び上がるオーバーアクションになってはいけません。いつでもジャンプできるようにヒザを伸ばさずに、かがんだ姿勢をキープしておくことが、成功させる大切なポイントとなります。

COLUMN 3 審判のハンドシグナルをおぼえよう③

●オーバータイムス

ボールを返球する前にチームで4回以上ボールに触れた場合。
指を4本伸ばして、手を上げる

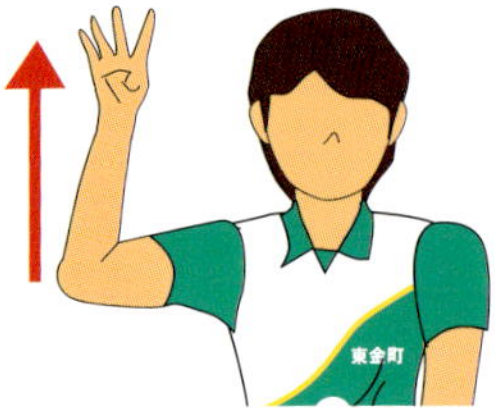

●ダブルフォールト

一度に2つ以上の反則が両チームで起こった場合や、両チームの選手が同時にボールに触れてキャッチボール（P40）になった場合はノーカウントでやり直しとなる。両手の親指を立てて両腕を上げる

●ペネトレーションフォールト

体の一部がセンターラインを越えて相手コートに触れたとき。
片方の手でセンターラインを指さす

●タッチネット

相手のプレー中に妨害しようとしてネットやアンテナに触れたとき。触れたチームの方の手でネットを触る

●ドリブル

ひとりの選手がボールを2回続けて打ったり、打ったボールが直接体に触れたとき。
指を2本立てて手を上げる

●ワンタッチ

ボールがコート外に出る前に選手に触れた場合。
片手を上げ、もう一方の手の指の腹でこするようにする

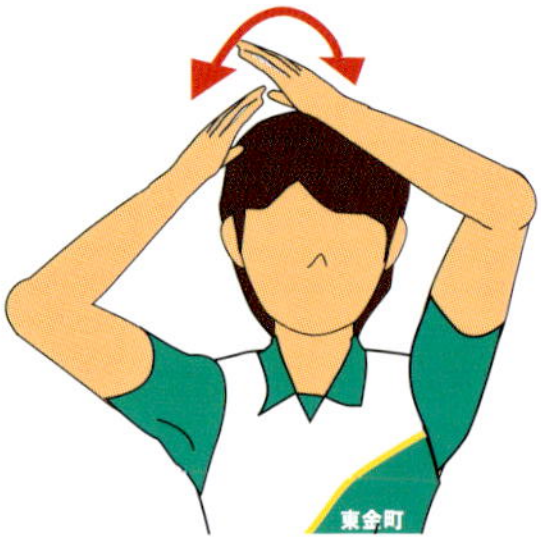

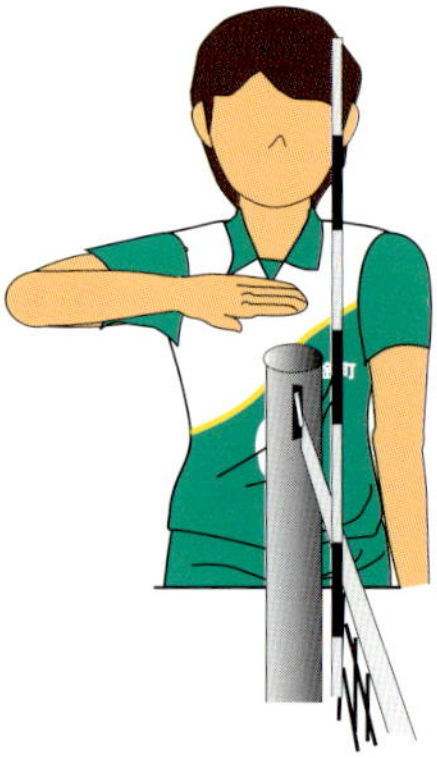

●オーバーネット

相手の返球をブロックするとき以外で、ネットを越えて相手コートのボールをプレーした場合。

片手の手のひらを下に向けて胸の前で水平にする

Chapter4
トス

TOSS

すばやく落下点に入り、正確なトスで攻撃をしかける

攻撃を組み立てるトスを上げるのがセッターの役割。すばやいフットワークでボールの下に入り、トスを上げるのはもちろん、相手を見る観察力、状況の判断力、相手の弱点を見抜く分析力も必要とされる。まずは基本の技術を身につけ、スパイカーとのコンビネーションをみがいていこう

molten

molten

トスのきほん 1

オープントス①

正確な高さと方向性はヒザをやわらかく使った全身のバネから生まれる

横から見たポイント

●上体

ボールの真下に入って、トスを上げる直前まで背すじをまっすぐに伸ばしておく。背すじが曲がっていると、ジャンプのときにヒザの力が上体に伝わらない

●ヒザ

両足をしっかり床につき、両ヒザを十分に曲げてリラックスさせておく。このヒザのタメがバネになる

からだ全体で上げるとトスの正確性が増す

トスは正確でなければ意味がありません。どんなにすごいスパイカーがいても、トスが安定しなければ、コンビネーションもとれずに、決して得点にはつながらないことでしょう。

いつも安定したトスを上げるためには手先ではじくのでなく、ボールをやわらかく受けとめ、全身のバネを使って上げることが大切です。

スパイカーに打ちやすいトスを全身で気持ちをこめて上げるようにしましょう。

前から見たポイント

●手

ボールをやわらかく扱うには、両手でつつみこむようにすることが大切。相手にコースを読まれないよう、できるだけ高い位置で受けて、なるべくボールを回転させないことがポイント

●上体

からだの正面から見て、上半身が左右に絶対ブレないように心がける。また、ボールを受けるときはレシーバーの方を向いていても、トスを上げるときは、かならず上体がネットに直角になっているのが基本

●ヒジ

両ヒジはしっかり曲げて、腕が「ハの字」になるようにかまえる。全身をバネのように使って、最後にヒジ、そして手首の順で力をボールに伝える

●トスを上げる直前まで同じフォームを保つ

相手にどこにどんなトスを上げるかを読まれないようにするため、ギリギリまで同じフォームを保っておくことが大切。ツーアタックが打てるようなら、ジャンプトスをすることで、さらに相手を迷わせることができる

BASIC
FORM

ヒザをしっかり曲げ、
腰を落として準備する

ボールをよく見ながら、
落下点の真下に入る

両手でやわらかく つつみこむように、 ボールの回転を殺し 全身で上げる

トスの
きほん
1

オープントス②

最後にヒジと手首のバネを使って上げる
両手でつつみこむようにやわらかくボールタッチ
ヒザのバネを使い、なるべく高い位置で受ける
molten
molten
molten

ヒザが伸び切る少し前にボールを受ける

まず姿勢を低くしてボールの落下点に入ります。しっかり真下に入ってフロントかバックかを読まれないようします。

相手に考える時間を与えないためにも、ボールはなるべく高い位置で受けるようにするといいでしょう。

ヒジを曲げて、タメをつくったまま、両手を高い位置に差し出し、ヒザが伸び切る手前でボールを受けます。両手でボールをつつみこむように手首をやわらかく使って受けとめ、ヒザからの力を利用して、ヒジ、手首の順にバネをきかせてボールを上げます。ボールを送り出す瞬間までコースを読まれないよう、フォームは一定に保ちましょう。

手先だけでなく、床をけった力を徐々に上に伝えるように、全身で上げることで、トスの方向性や強さは安定するのです。

トスのきほん 2

バックトス

ボールを送り出す瞬間に腰を前につき出すようにしてからだを反らせるのがポイント

からだの反らせ具合で距離を調節する

ライトへのオープントスなどを上げるときには、バックトスとなるため、スパイカーの位置を確認できません。練習を重ねてしっかり上げられるようにしておきましょう。

まずネット側の手でボールを呼びこむように受けるのがポイントです。そこからトスを上げる直前までは、相手に読まれないためにも、フォームに差が出ないように心がけましょう。最後に腰を前に出すようにからだを反らせて後方にトスを上げます。

ネット側の手でボールを呼びこむように受ける

上 体の反らせ具合でトスの長さや角度を調整する

ボ ールを上げる瞬間まで他のトスと同じフォームをキープする

トスのきほん 3

ジャンプトス

高い位置ですばやく上げれば相手に読まれにくく、守備の対応も遅くなる

ジャンプトスで攻撃の幅が広がる

ジャンプトスを日頃から上げられるようにしておくと攻撃の幅が広がります。レシーブが乱れて、高いボールが来たときはもちろん、それ以外でも高い位置ですばやくトスを上げることで、相手に準備させる時間を短くすることができます。

　高い位置でのすばやいボール処理で、相手のタイミングがズレるため、フリーで打てるチャンスも出てくるはずです。とくにクイックの場合、高い分だけ、スパイカーとの距離も短くなり、お

落 下点の真下に入り、ボールの落ちてくるタイミングに合わせてジャンプ

互い動いているのでリズムも合わせやすくなることでしょう。

　またジャンプすることで、セッターのツーアタックの可能性もあるため、相手のつぎの一歩を遅らせることができるメリットもあります。

　ここでもスタンスは、必ずネットと直角になるようにすることが大切です。

高い位置ですばやくボールを上げる

ボールを上げる瞬間まで同じフォームでコースを読ませない

トスのきほん 4

ジャンプバックトス

高い位置でのボールタッチで背後にすばやく上げるには高度なバランス能力が必要

全員ができるように練習しておこう

ジャンプバックトスは、もっともバランス能力が必要とされるトスと言えます。

ボールに触れる直前まで、普通のジャンプトスと相手に思わせるため、フォームを同じに保っておきましょう。そして、ボールを上げるときに腰を前に出すように、からだを反らせて後ろに上げます。

セッターにかぎらず、まだポジションが将来的に確定できない小学生のうちに全員ができるようになることが理想です。

普通のトスと同じフォームでボールの下に入る

上げる角度や距離はからだの反りで調整する

距離のあるトスは、ボールにさわる瞬間に大きく反って上げる。決して腕の力で調整しようとせずに、つねに一定の力でトスを上げるように心がけよう。これに慣れることで、スパイカーが見えなくても安定したトスが上げられるようになる

ジャンプして、ボールにさわる瞬間に、腰を前に出してからだを反らせる

トスのきほん

5

ワンハンドトス

よくばらずに短い距離に手首をやわらかく使って5本の指先でつくように上げる

タッチネットやホールディングに注意

ワンハンドトスは、レシーブが高くネットぎわに来たときに、近くのスパイカーに限定して上げるトスと言えるでしょう。

両手でとりに行くとタッチネットになりそうな場合にやむを得ず使う手段です。

片手で上げるため、手の小さい小学生にはむずかしいかも知れませんが、なるべくボールの中心をとらえるのがポイントです。手のひらをしっかり開き、手首をやわらかく使って、片手でボールをつかむように、5本の指先全て

レシーブが乱れてネットぎわの高いところに来たときのみに使おう

でボールをつき出すように上げましょう。ボールをつかんでしまうとホールディングになるので注意が必要です。

からだの向きをネットと直角に保ち、手のひらを上げたい方向にしっかり向けることが大切です。

片手でのトスとなるため、正確性が落ちます。よくばらずに、いちばん近くのスパイカーに対してだけ使うように心がけましょう。

ボールを5本の指先でつき出すようにスナップを使う

手のひらを大きく広げ、手首をやわらかく使う

COLUMN 4　おぼえておきたいバレーボール用語①

●オーバーハンド
両手を額の上あたりにもってきてボールを上げるトスやパス。アンダーハンドに比べて方向やスピードの調整がしやすい。

●オーバーハンドサーブ
手を上から下に振り下ろして打つサーブ。

●オープン攻撃
コートを左右に広く使って攻撃すること。セッターが放物線を描くようにトスを上げたら、スパイカーは助走の勢いを活かして高くジャンプしてスパイクを打つ。

⇄平行

■カ行■

●回転レシーブ
片手でボールを受けたあと、その手を軸に回転しながら即座に立ち上がるレシーブ。1959年頃に日本で独自に編み出されたレシーブ方法。

●キャッチボール（ホールディング）
ボールの動きを止めてしまう反則。手でボールをつかんだり、レシーブ時に両腕の中にボールが挟まったり、ボールを手で支えもつような状態になることを指す。以前は「ホールディング」「ヘルドボール」と呼んでいた。

●クイック（速攻）
低く速いトスからのスパイクを打つ速攻攻撃。A・B・C・Dの種類がある。日本で考案されたもので、それを武器に日本は、1972年のミュンヘンオリンピックで金メダルを勝ちとった。

●クロススパイク
コートをななめに横切るような角度で打つスパイク。

●ゲームキャプテン
試合中、コート内でチームをまとめるプレーヤー。通常はチームキャプテンがゲームキャプテンを務める。このゲームキャプテンだけが審判に抗議したり、話しかけたりできる。

●後衛（バック）
ローテーションがないので正確な定義はないが、コート後方でおもにレシーブを中心に行う選手。

●コミットブロック
相手の速攻に対するブロックシステムのひとつ。速攻に対して、トスが上がる前にヤマを張ってブロックに飛ぶ。
⇄ リードブロック

←P.102に続く

■ア行■

●アウトオブバウンズ（マーカー外）
ネットサイドのアンテナにボールが触れたり、外側（延長線上も兼ねる）を通って相手コートにボールを返したりする反則。

●アウトオブポジション
小学生バレーボールではローテーションがないためこのルールは存在しない。

●アンテナ（サイドマーカー）
ネットの左右にくくりつけられている長さ1.8メートルの棒。このアンテナの外を通って相手コートに入ってもアウトオブバウンズ（マーカー外）となる。

●アンダーハンド
アンダーハンドでトスやパスをすること。オーバーハンドよりコントロール性が低い。

●アンダーハンドサーブ
手を下から上に振り上げて打つサーブ。打ち方が簡単なので初心者には便利なサーブだが、レベルアップするほど実戦では使われなくなる。

●移動攻撃
相手ブロッカーを左右に動かすために、スパイカーが左右に移動しながら打つ攻撃。⇄ ブロード攻撃

●インターフェア
相手のプレーを妨害するような行為をした場合にとられる反則。もっとも代表的なのは相手コートにあるボールに手を伸ばして触れる反則。ただし、ネットより少しでも自チームサイドにボールがあれば、自チームに弾き返しても反則にならない。

●Aクイック
セッターの目の前でジャンプして打つ速攻のこと。スパイカーがジャンプしてからセッターがトスを上げてスパイクを打つ。

●オーバータイムス
味方コートにボールが入ってきてから4打以上かけてボールを返してしまう反則。フォアヒットとも言う。

●オーバーネット
プレーヤーがネットを越えて相手コートのエリアにあるボールを打ってしまう反則。相手チームが返してくるボールをブロックする場合もネットを越えてはならない。→パッシング・ザ・センターライン

Chapter5

ブロック

Block

相手の動きをよく見て、両手でしっかり押さえこむ

相手に自由に攻撃させないためにも、ネットぎわで相手のスパイクをくい止めたい。身長が高い方がブロッカーとしては有利であるが、たとえ身長が低くても、タイミングさえ合わせられれば、相手のスパイクをブロックできる。多少、コースを外されても、ねばり強くくいついていくブロックを心がけよう

ブロックの
きほん
1
姿勢

肩甲骨を左右に広げ、両腕をかぶせるように前に出し、相手コートにボールを押さえこむ

横から見たポイント

●腕
ヒジを伸ばして、肩を前に出すように両手を前につき出す

●顔
しっかりアゴを引いたまま、ボールを見てジャンプ

●上体
ネットから30〜40cmはなれたところでかまえ、相手スパイカーの動きに合わせてジャンプ

吸いこまないためには ネットとの距離が大切

ブロックでは、ボールを吸いこまないように、ジャンプしたときになるべくネットとの距離を空けないようにするのがポイントです。

両腕を前に出し、ボールをはたき落とすのでなく、相手コートの床に押さえこむようなイメージで行うといいでしょう。

できるかぎり高くジャンプして、肩甲骨を左右に広げるように肩から前に出しましょう。

両手が大きく左右に開かないように注意することが大切です。

正面から見たポイント

●手

親指と小指に力を入れて、手首を曲げて相手コートの床にボールを押さえこむようなイメージ

●腕

腕の間隔は肩幅くらい。手のひらを上に向けてかまえたところからジャンプする

●足

相手スパイカーに合わせ、小刻みに動かし、リズムをとりながらタイミングを合わせてジャンプする

BASIC FORM

移動距離が長い場合

Cross STEP

クロスステップ…足を交差させて走るステップ

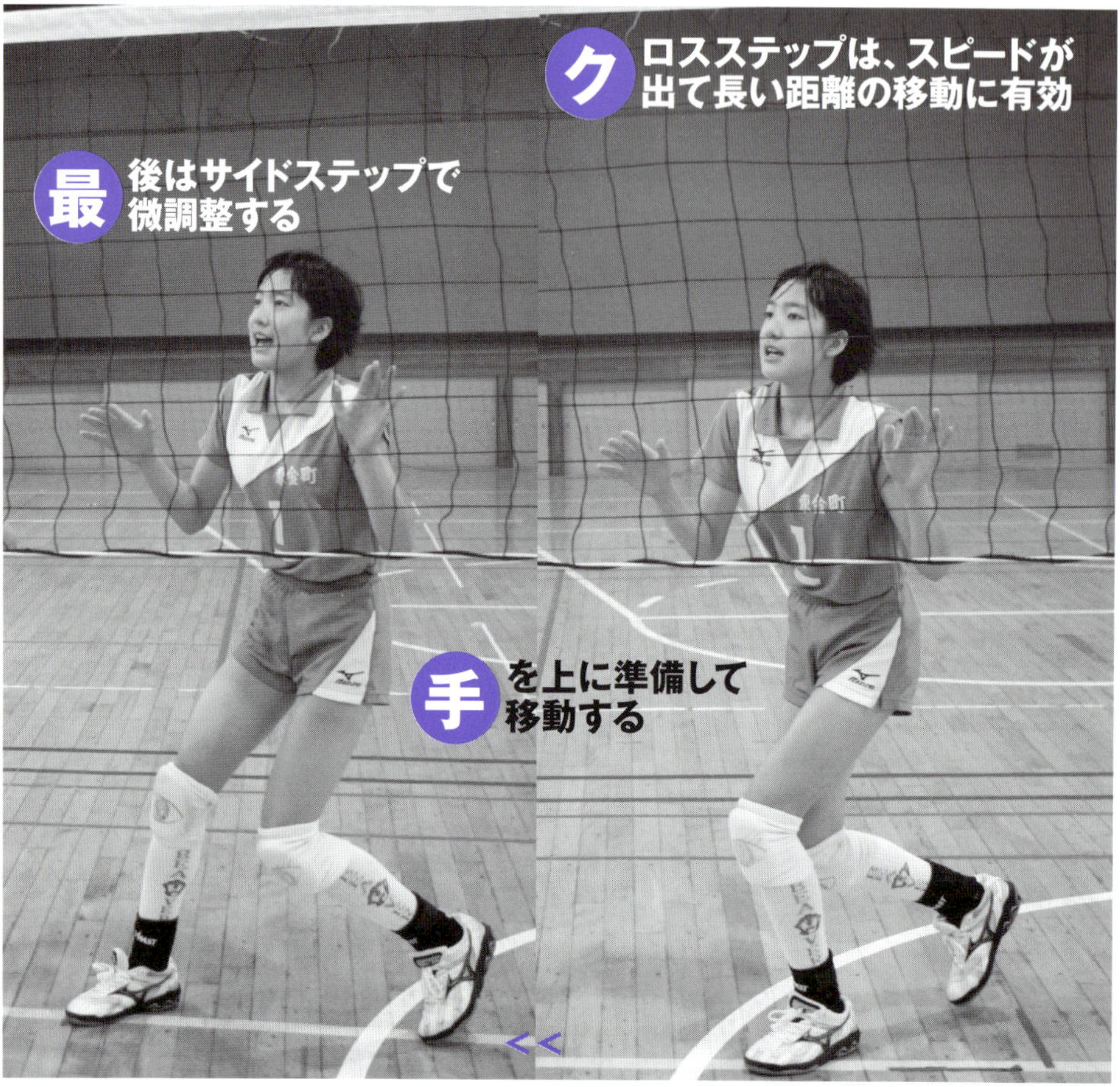

クロスステップは、スピードが出て長い距離の移動に有効
最後はサイドステップで微調整する
手を上に準備して移動する

遠くへの移動はクロスステップ、距離の微調整はサイドステップで

ブロックのきほん 2

フットワーク

移動距離が短い場合

Side STEP

サイドステップ…足を交差せずに横にスライドさせるステップ

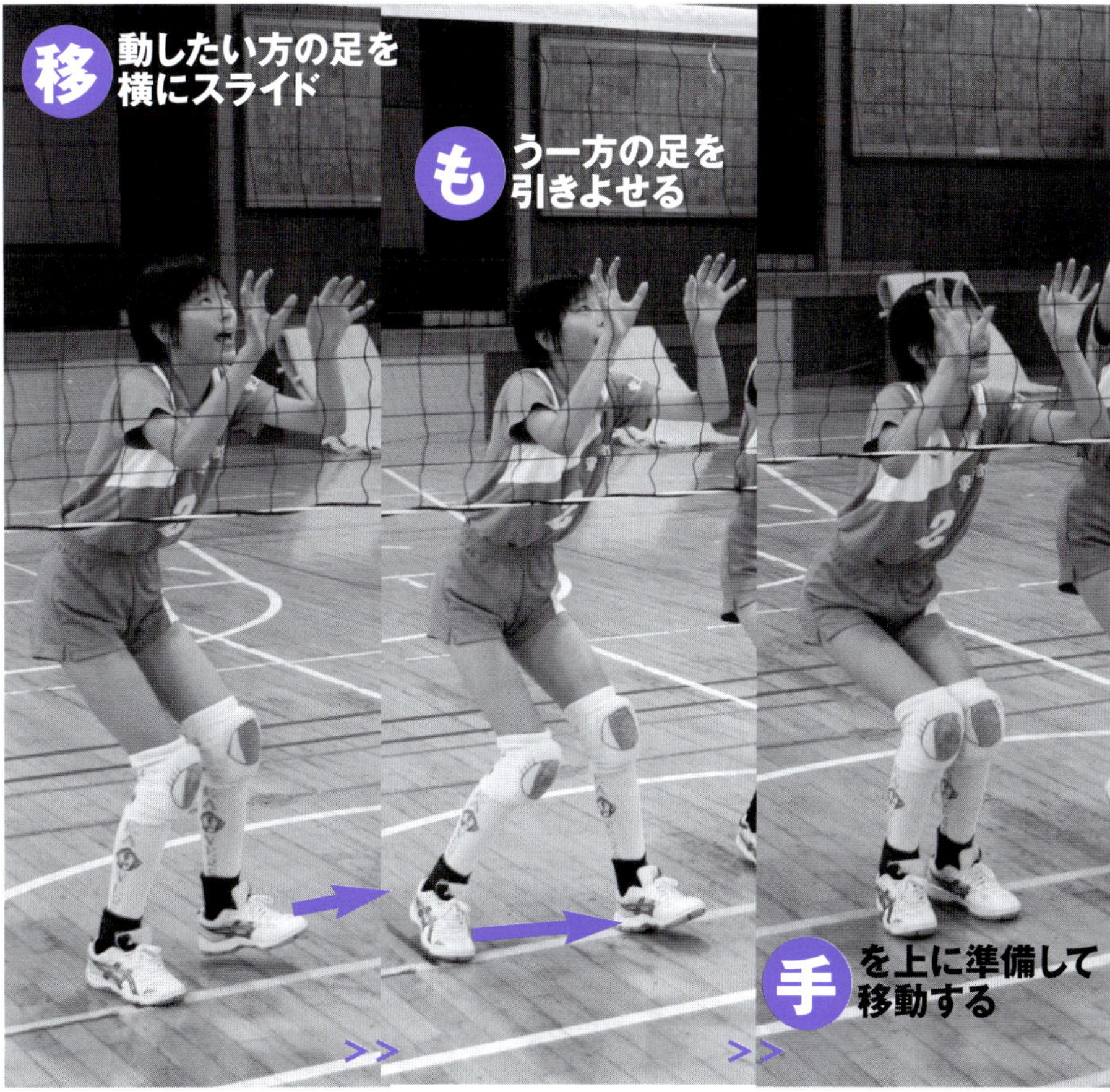
移 動したい方の足を横にスライド
も う一方の足を引きよせる
手 を上に準備して移動する

ブロックの準備はすばやい一歩目が大切

ブロックでは高さが強調されがちですが、いちばん大切なのはしっかりした準備です。

2枚3枚といったコンビネーションブロックを効率よく機能させるためには、フットワークが大切です。移動しきれずにななめにからだが流れてジャンプしてしまったり、ジャンプしながら両手を準備することのないように、しっかりポイントに移動しておくことが成功のカギとなります。

そのためのフットワークとして、長い距離の移動は、スピードの出る、足を交差させて走るクロスステップ。そして、短い距離の移動や、となりの選手との間隔の微調整には、足を左右にスライドさせるサイドステップが基本となります。

一歩目の反応をすばやく、ジャンプの前にしっかり手を上げて準備しておきましょう。

相手のスパイクの方向や状況によってジャンプ後でもしっかり対応する

ブロックの
きほん
3

左右への対応

手のひらを相手コートの床に向けたまま押さえこむ
左右に振られても、ねばり強く上半身をかぶせて、上体だけでついていく

左右からでもしっかり相手コートに押さえこもう

移動しきれなかったり、相手がコースを変えて打ってきたときには、空中でも上半身を動かして対応できます。このとき、からだが横に流れてしまわないように注意しましょう。腕を左右に移動したときでも、しっかり手のひらは相手コートの床に向けておくことが大切です。

チェックポイント

✕ からだが流れたジャンプはNG

間に合わないからといって、ななめにジャンプして手に当てようとするのはNG。手に当ててはね返すどころか、レシーバーが反応できないところにはじいてしまったり、ブロックアウトして失点につながってしまう

ブロックのきほん 4

2枚ブロック

自分のポジションで準備したバンチリードの体勢から移動して2人でブロック

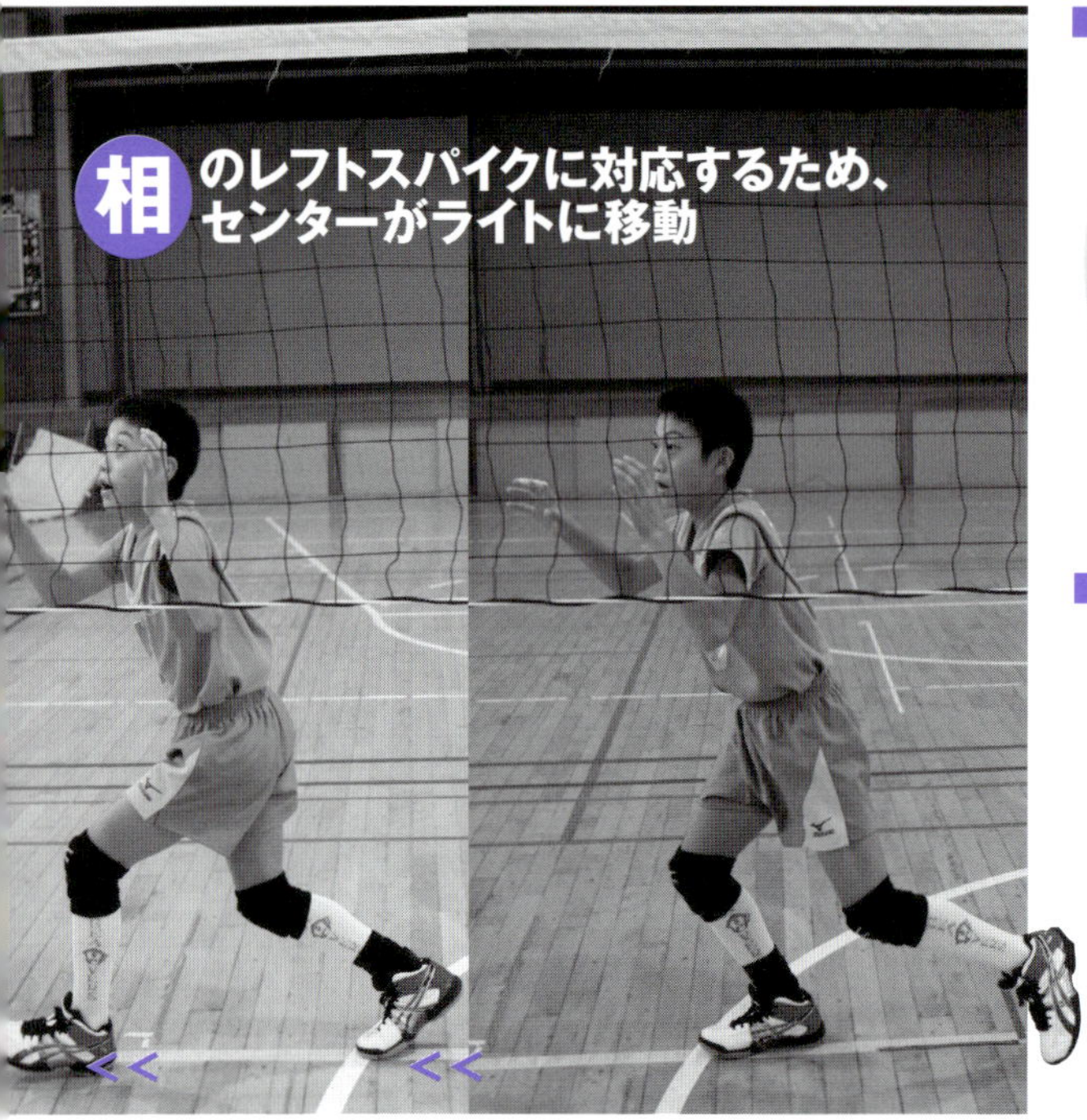

相手のレフトスパイクに対応するため、センターがライトに移動

手は移動のときから準備しておくのが基本

ライトにいる選手が基準となってジャンプのポジションを決める

隣の選手とのすき間をサイドステップで埋める

2人のタイミングを合わせてジャンプ

ブロックの
きほん
5
3枚ブロック
①サイドからのアタック

サイドにいる選手を基準に3人の間が空かないようにしっかり準備してジャンプする

ト　スが上がる瞬間に予測して移動をはじめる

ラ　インぎわにいる選手を基準にサイドステップで微調整

声を出してお互いのポジションを確認するのも大切

スパイカーの動きを見ながらタイミングを合わせる

手と手の間にすき間ができないように注意する

3人のタイミングを合わせてジャンプ

ブロックの
きほん
5

3枚ブロック
②センターからの
アタック

センターからのアタックは中央にいる選手が基準となる

スパイカーの位置を見て、中央の選手がポジションを決める

早い準備がブロックの決め手となる

手をしっかり上げたまま移動する

センターからのアタックでは中央の選手が基準

相手コートの床にめがけてしっかり押さえこむ

声を出しながらタイミングを合わせてジャンプ

COLUMN 5　おぼえておきたいバレーボール用語②

●ジャンピングサーブ（スパイクサーブ）
エンドラインの後方からボールを高くトスして、助走しながらジャンプして打つサーブ。

●ジャンピングフローターサーブ
ジャンプしながら打つフローターサーブのこと。
→フローターサーブ

●ジュース（デュース）
各セットで両チームが20-20（第3セットは14-14）になった場合に適用されるルール。その後のゲーム進行で2点差ついた時点でセット終了となる。

●スクリーン
サーバーを見にくくさせるため、3人のブロッカーがネットぎわで寄って手を上げる行為。反則となる。

●ストレートスパイク
コートのサイドラインに対して平行に打つスパイク。

●スパイク（アタック）
ジャンプしてボールを強く打つ攻撃。

●スーパーエース（オポジット）
基本的にはサーブレシーブをしないで攻撃に専念するプレーヤー。セッターの対角線にポジショニングをとるケースがほとんど。小学生の場合、ポジションを限定せずに自由にやらせた方がいい。

●セッター
スパイカーがスパイクを打ちやすいようにボールをトスするプレーヤー。

●前衛（フロント）
ネット前（フロントコート）にいるプレーヤーのことで、攻撃を中心に行う。

●センター
とくにポジションが分かれていないので定義はないが、コートの中央でプレーするプレーヤー。

●速攻
セッターの上げたトスを、スパイカーがあらかじめジャンプして待ち構えて打つ攻撃。A・B・C・Dのクイック、ひとり時間差攻撃がある。

■タ行■

●対角
コートポジショニングで「フロントレフトとバックライト」「フロントライトとバックレフト」など対角になる関係。

←P.118に続く

●コンビネーション攻撃
スパイクするプレーヤーのほかにダミーのプレーヤーがおとりとして動き、ブロックされにくくする攻撃のこと。

■サ行■

●サービスエース
サーブだけで得点をとってしまうこと。
→ノータッチエース

●サービスゾーン
幅8メートルのサーブを打つ場所。自陣のエンドラインの後ろで、両サイドにあるサイドラインの延長線内のエリア。このサイドラインを踏んでもはみ出さなければ反則にはならない。

●サーブ
6人の選手が交代で相手コートに向かってボールを打つこと。ボールをトスして片方の腕でボールをヒットしなければ反則となる。

●サーブカット→サーブレシーブ

●サーブフォールト
サーブを失敗すること。相手チームの得点になる。

●サーブレシーブ
相手のサーブをレシーブ（ひろう）すること。ファーストタッチはダブルコンタクト（ドリブル）をしても反則とはならない。サーブカットとも呼ばれる。

●サイドアウト
サーブ権が移動すること。ラリーポイント制では、1つのラリーを終えればその都度、得点とサーブ権が得られる。

●サイドバンド（サイドマーカー）
アンテナの内側、サイドラインの真上に左右1本ずつ付けられている白い帯。ネットの一部と見なされる。一般的に白帯とも呼ばれている。

●Cクイック
セッターの背中越しに打つ速攻のこと。セッターはAクイックと同じタイミングで背後にトスを上げる。

●時間差攻撃
おとりのスパイカーが先にジャンプするなど相手ブロッカーを惑わせるフォーメーション攻撃のこと。スパイカーがスパイクを打つと見せかけ（ジャンプするふりをして）、相手ブロックのタイミングをずらす「ひとり時間差」もある。

Chapter6

サーブ

Serve

最初に攻撃的なサーブで相手をくずすのが大切

サーブは、相手に邪魔されることなく打てる唯一の攻撃とも言える。またチームの得点後に行われるため、いいサーブで相手をくずすことができれば、チームを波に乗せて、試合の流れを引きよせるキッカケともなるはずだ。しっかり練習して自信をもって、攻撃的なサーブを打ちこもう

●ジャンピングフローターサーブ

現代バレーではサーブも有効な攻撃のひとつ

近年のパワーとスピードが要求されるバレーボールの流れに沿って、小学生バレーのサーブも攻撃的なものが主流になってきています。

まずサーブで大切なのは、確実に入れることです。ラリーポイント制になってから、サーブのミスが即失点につながるようになった分だけ、その正確性も重要度を増してきました。日頃からしっかり練習して、より正確で、より攻撃的なサーブが打てるようにしておきましょう。

しかし、いいサーブを打つためのポイントは技術だけではありません。試合で練習と同じサーブを打つためには、緊張やプレッシャーをはねのける強いメンタルも必要です。練習を通じて、メンタル面もきたえておきましょう。

●サイドハンドサーブ

●ジャンピングサーブ

●フローターサーブ

●オーバーハンドサーブ

サーブのきほん 1

サイドハンドサーブ

顔の前でボールをかまえ、全身を使って、体重移動に合わせた腕の振りで打つ

か らだのターンに合わせて右腕を横に振り抜く

初心者や力のない低学年の子どもにもかんたんに打てる

腕を横に振って、からだの横でミートするサイドハンドサーブは、初心者や力のない低学年の子どもでも、マスターしやすいのが特徴です。

腕を横に振り抜くので、微妙なコントロールや球種の打ち分けはできませんが、力が伝わりやすく、距離は出しやすいサーブです。

気をつけたいのは、手打ちにならないことです。しっかりと体重移動をしながら、からだのターン

顔の前にボールを用意し、右足に体重を乗せて腕を引く
トスがあまり高くならないように注意しよう
トスと同時に左足を前に踏みこむ

に合わせて腕がついてくるように振ることが大切です。手だけで打ってしまうと、腕のスピードや打点、打つタイミングが安定しなくなり、打つたびにバラつきが大きくなってしまうでしょう。

チェックポイント

ヒザが伸びきって腰が引けて手打ちになってしまうのはNG

よく見かけるのがこのタイプ。ボールを確実にとらえようとして、下半身の動きがなくなってしまうと手打ちになってしまう。ボールはからだ全体で運ぶもの。手先だけではコントロールがきかず、安定したサーブは打てない

からだの少し前でボールをとらえるようにしよう
全身を使った大きなモーションで腕を振り抜く
打つ瞬間に左足に体重が乗っていればボールに勢いがつく

からだの使い方はサイドハンドと同じ。腕を上から振る分、コースを狙える

サーブのきほん 2

オーバーハンドサーブ

顔の前にボールを準備し、
右足に体重移動
腕を引ききったところで
トスを上げる
トスが高くなりすぎない
ように注意しよう

サーブのきほん3

フローターサーブ①

もっともポピュラーとされるフローターをマスターしておこう

右ヒジを高く保って手のひらのつけ根あたりで打つ

フローターサーブはスピードよりもコースの打ち分けを重視したサーブです。それほど力も必要としない、現代バレーの基本のサーブと言えるでしょう。

打ち方は、狙う方向にからだを向けたまま、右足（右利きの場合）重心でトスを上げます。右ヒジを高い位置に保ったまま、左足に体重移動、両肩を水平に回して、なるべく高い打点でボールを打ちます。

トスが乱れたり、目測を誤って手首や指先で打ってしまわないように注意しましょう。

トスを上げるときのポイント

●左手

手のひらを返さずに水平に保ったまま、バランスをとりながら高い位置でボールをトス。トス自体は高く上げないように注意しよう

●足

両足のスタンスは肩幅程度、右足に体重を乗せたままトスを上げ、左足に体重を移動させてから打つ

打つときのポイント

●目

打つ前にしっかり狙いを定め、ボールから目を離さないようにする

●上体

打つときに上体が左右前後に傾かないように注意する。背中が後ろに反らないように打とう

●右手

ボールは顔の真上のなるべく高い位置でとらえるのがポイント。手首や指先ではなく、手のひらのつけ根あたりで打つのがポイント。全身を使ってタイミングよくボールにヒットする。手打ちにならないように注意しよう

●足

踏み出した左足のツマ先はまっすぐに相手コートに向け、体重を乗せきったところで打つ

BASIC FORM

手 首を固定して、手のひらのつけ根あたりでボールを押し出す
腕 は振り抜くのでなく、ヒット後に止める

一連の動きでトスを上げ、固めた手のひらで押し出すように打つ

サーブのきほん 3

フローターサーブ②

トスはなるべく高い位置で。まずはトスの安定が大切

高いトスにはタイミングを合わせづらいので要注意

下からボールを高く持ち上げるようにトスアップ

ジャンプの高さに合わせ適度な高さに上げる。このトスでサーブが決まる

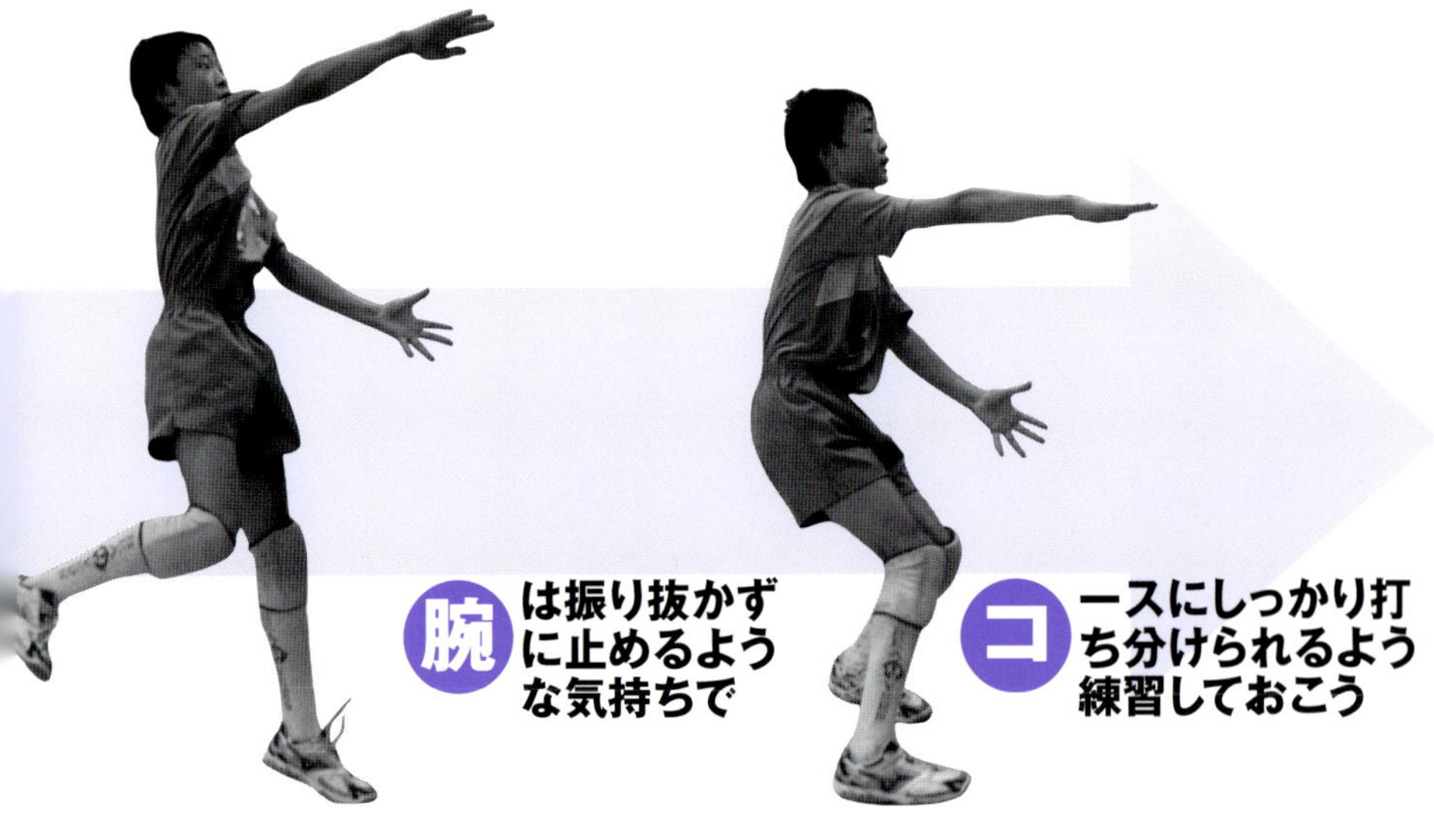

腕は振り抜かずに止めるような気持ちで

コースにしっかり打ち分けられるよう練習しておこう

サーブのきほん 4

ジャンピングフローターサーブ

1、2歩助走をつけたジャンピングフローターではトスの安定が大切

ボールを左手にもって1、2歩助走。長い助走は必要ない

手のひらのつけ根あたりで正確にヒット

肩の水平を保ったまま腕を振る

スパイクと同じフォームでななめ上に勢いよくジャンプ

肩の水平を保って、思い切り振り抜く

腕をしっかり振り抜くことでドライブのかかった落ちるサーブが打てる

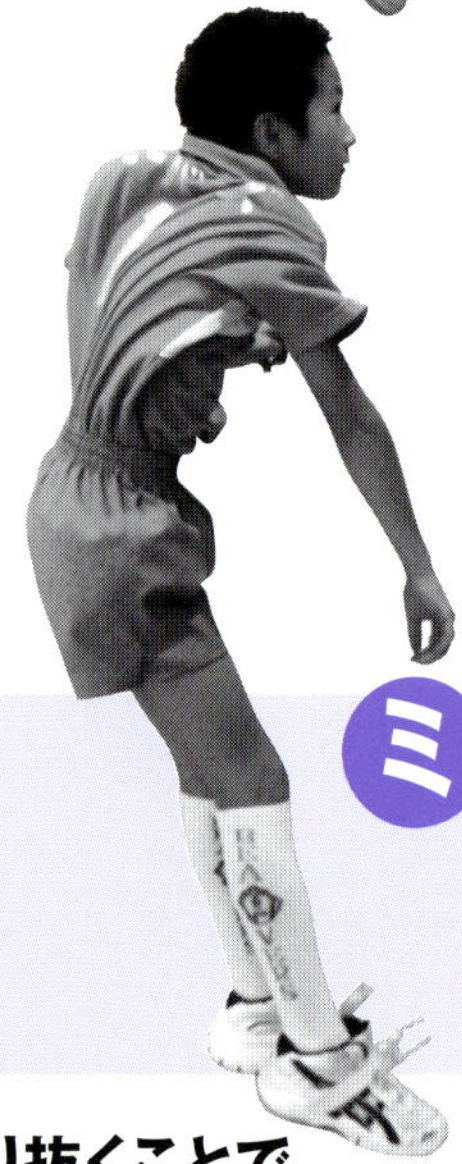

ミスする危険も高いが、決まれば相手をくずせる可能性も高い

サーブのきほん 5

ジャンピングサーブ

豪快なジャンピングサーブは、手首をスナップさせてドライブをかける

助走を長くとって、合わせやすいよう高めのトスを上げる

最後までしっかりボールから目を離さない

手首のスナップでボールに順回転をつける

COLUMN 6　おぼえておきたいバレーボール用語③

●ニアネット
ネットに近いボールのこと。

●2段トス
速攻やコンビネーション攻撃が使えないほど乱れたレシーブをトスすること。

●ネットインサーブ
サーブがネットに触れたあとに相手コートに入ること。6人制ではネットインしたと認められる。

●ノータッチエース
サービスエースの一種で、打ったサーブが相手プレーヤーに触れずにコート内に落ちたサーブ。

■ハ行■

●バックアタック
小学生バレーボールではローテーションがないためこのルールは存在しない。

●パッシング・ザ・センターライン
フロントのプレーヤーがセンターラインを踏み越して相手コートに入る反則。ただし、踏み越した手足の部分が少しでもセンターラインに触れていれば反則にならない。→オーバーネット

●Bクイック
セッターから2～3mくらい離れた位置で打つ速攻のこと。セッターはネットに平行に低く速いトスを上げる。

●フォアヒット（オーバータイムス）
3回以内で相手コートに返球できなかった場合のこと。相手に1点入る。

●フェイント
スパイクすると見せかけてゆるいボールを相手コートに落とし す攻撃。

●フローターサーブ
ジャンプせずに小さな腕の振りで打つサーブ。ボールをコントロールしやすいので、コースを狙ったり、カーブさせたりして打つ場合が多い。

●ブロック
前衛の選手が両手を上げてジャンプし、スパイクを相手コートの床に押さえこむプレー。

●ブロード攻撃
相手ブロッカーに狙われないために、スパイカーが左右に移動してスパイクを打つ攻撃。

←P.154に続く

●タイムアウト
試合中にゲームを一時中断するためにとる時間。ボールアウトになってからとることができ、1回30秒、1セットで2回まで要求できる。
→テクニカルタイムアウト

●タッチネット
プレー中にネット（アンテナを含む）に触れてしまう反則。ボールに触れようとしていないのに偶然ネットに触れた場合はタッチネットにはならないが、故意にネットに触れたり、相手チームの動きを妨害してしまったりした場合などは反則になる。

●ダブルコンタクト（ドリブル）
ひとりのプレーヤーが連続して2回以上、ボールを打ってしまう反則。

●ダブルフォールト
一度に2つ以上の反則が両チームで起きたときや、ネット上で双方のプレーヤーがボールの押し合いとなってボールが止まってしまった時のこと。無効となって再プレーされる。

●Dクイック
セッターの背後から少し離れたところで打つ速攻のこと。セッターが背中越しに2～3mぐらい離れた位置に素早く低いトスを上げ、スパイカーが打つ。

●ツーアタック
サーブレシーブ～トス～スパイクという通常のパターンの攻撃ではなく、ツータッチで相手コートにボールを返す攻撃方法。アタックもあればフェイントもある。

●テクニカルタイムアウト
第1～3セットでどちらかのチームが8点、16点に達した時に自動的にとられるタイムアウトのこと。時間は通常のタイムアウトより長く1分間。
→タイムアウト

●トス
スパイカーにスパイクを打たせるために上げるボール。オーバーハンドトスとアンダーハンドトスがある。

●ドライブサーブ
ネットすれすれを狙って打つ強くて速いもっとも攻撃的なサーブ。回転がかかるため、途中で落ちるボールになる。

●ドリブル→ダブルコンタクト

■ナ行■

Chapter7

効果的な練習法

Practices

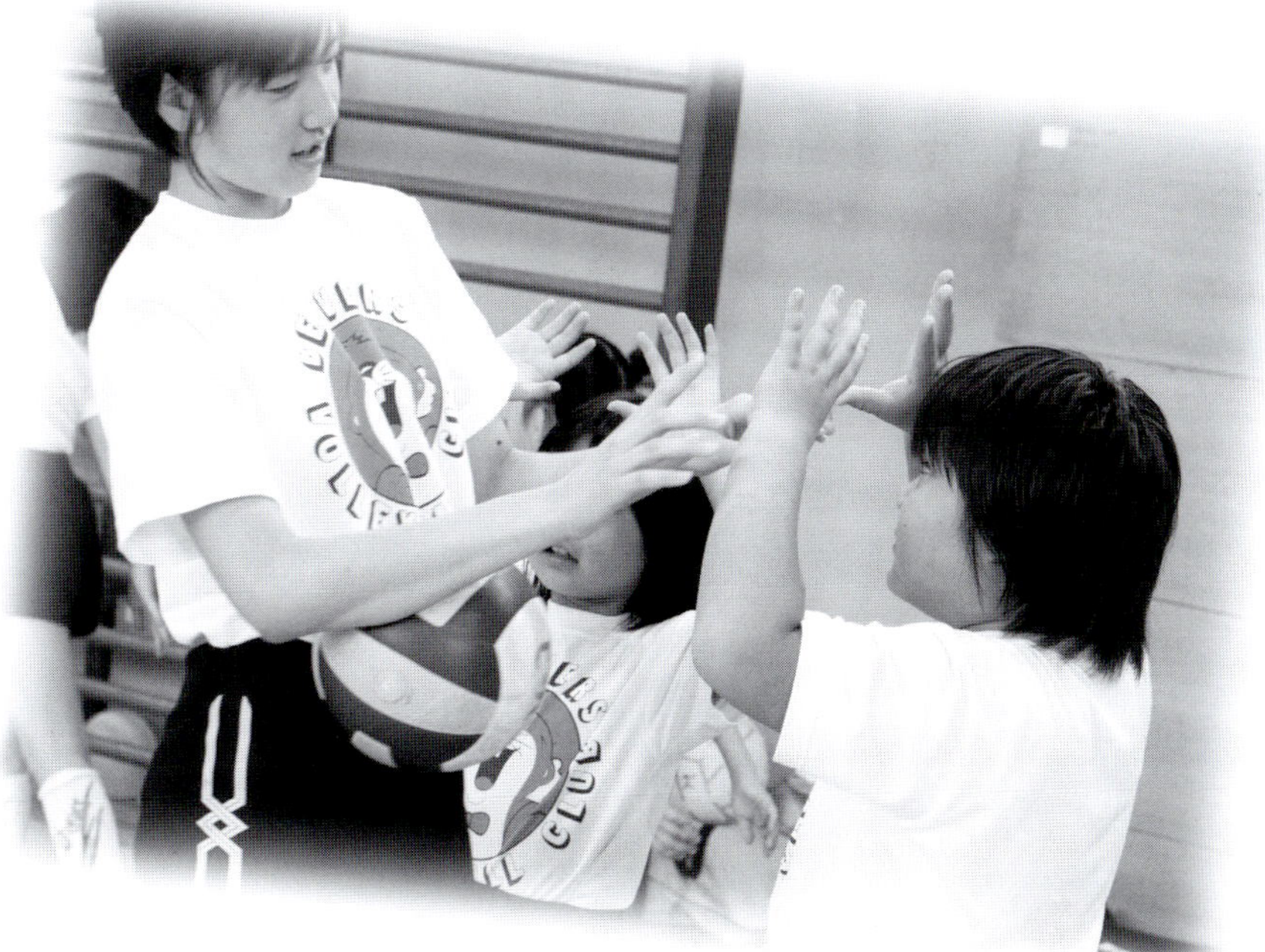

練習ではメリハリが大切。バレーを楽しむことが上達の第一歩

子どもの将来を優先し、運動神経の基礎と精神面を育てていこう

強いチームをつくりたいからといって、とにかく技術をつめこみ、ハードなトレーニングを強要するのは逆効果です。相手はまだ小学生です。彼らのバレーボール人生を考えると、ここでバレーボールを好きになることが大切です。

小学生の頃に、持久系や筋力系のトレーニングをハードにする必要はありません。むしろ、運動神経の基礎をつくってあげることが大切です。

バレーボールを好きになる気持ち、人を思いやる人間性、そして自分のからだを思ったようにコントロールするための運動神経、この3点を考えた練習メニューを採用することをおすすめします。

ビーバーズでは、5、6年生を上級生、3、4年生を下級生として、上級生と下級生が一緒になってできる練習を多くとり入れています。もちろん、上級生はそれだけで終わらず、きっちりとしたバレーボールの練習も行いますが、子どもの人間性、チームプレーの基本的な精神を育む上で、全員で行う練習が大きな効果を生んでいるのは事実です。

ここでは実際に東金町ビーバーズが行っている練習をいくつか紹介していきます。ぜひ参考にしてみてください。

運動神経の基礎をつくる コーディネーショントレーニング

小学生の時期は神経系の発達期。つまり運動神経の基礎が、ほぼここでできあがってしまうと言っても過言ではないだろう。

コーディネーショントレーニングとは、からだのバランス能力やリズム感など、この時期に大きく成長する神経系の発達をうながすトレーニング。頭で考えなくとも、自然にからだが反応する運動神経の基礎をきたえるトレーニングなのだ。

一方、持久力を生み出す心肺機能や筋力は、まだ発達期に達しておらず、からだは子どものまま。だからこの時期に体力を酷使するトレーニングは、ときに成長の妨げをもたらしたり、大きなケガにつながることもある。とくにバレーボールは身長が高いほど有利なスポーツ。無理に筋肉をつけてしまうと、骨の成長を妨げ、身長がストップしてしまう恐れもあるので気をつけよう。

スキャモンの発育発達曲線

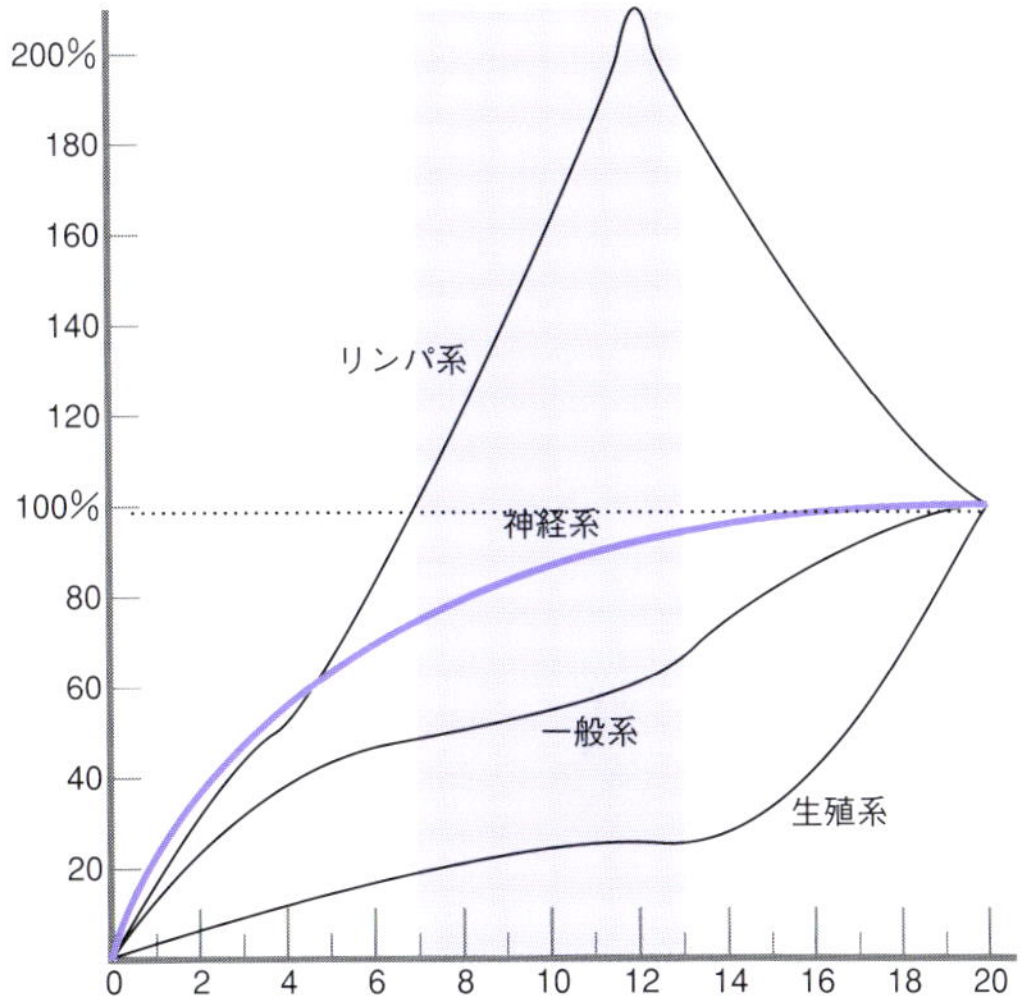

下級生を指導することで 責任感と思いやりの心が育つ

バレーボールは心でボールをつなぐスポーツ。チームやチームメイトのために全員で声を出し、ボールをプレーする選手は、次にプレーする選手のことを思ってプレーする。また苦手なプレーをフォローし、自分の強い部分で仲間を助ける。この連携がコンビネーションを生み、熱い気持ちのこもったプレーが、仲間を熱くする。つまり、「思いやりの心」が大切なのだ。

東金町ビーバーズでは、上級生と下級生が一緒になって練習し、基本的な技術の指導は上級生が行うようにしている。そうすることで、自分の技術や技術に関する知識を確認できるとともに、自分の言動に対する責任感も生まれ、できない相手やわからない相手の立場に立って考えられるようになる。つまり「思いやりの心」が芽ばえる。そして、これがコンビバレーの根底とも言える気持ちの基盤ができあがるのだ。

いくら技術がある選手でも、自分勝手なスタンドプレーではチームを勝利に導くことはできない。子どもの精神面での成長こそが、チームを強くするための近道になるはずだ。

コーディネーション

**ここではビーバーズが練習のはじめにかならず行っている
コーディネーショントレーニングの一部を紹介していこう。
これを全てやるということではなく、練習時間に合わせて必要なものを
やってみるといいだろう。いろいろと工夫してアレンジしてやってみよう**

●ダンス

ビーバーズでは、練習の最初にはかならずコーディネーショントレーニングをやるように心がけています。そのいくつかをここで紹介しますが、これらの多くはつねに変化しています。その理由は、コーチたちがいろいろなアイデアを出し、練習がマンネリになって子どもが飽きないようにするためです。

　メニューの多くは、上級生と下級生が一緒にチームに分かれ、ゲーム感覚で行えるものです。ゲーム性をもたせることで、子どもたちは自然と負けじと一生懸命に走ります。単なるダッシュをくり返すよりもより効率的と言えるでしょう。

　最初の準備体操の後にダンスをとり入れています。最近の流行曲に合わせ、振りつけをして、曲に合わせてみんなで踊ります。ただ体操をするのでなく、同時にリズム感を養うことは、バレーにも役立ちます。

●手つなぎ鬼

やり方

人数に応じて鬼を数人決め、鬼にタッチされたら手をつないで2人で追いかける。鬼が3人手をつないだ状態で、4人目をつかまえたら、そこで2組に分かれて、2人ペアの鬼になる。

何分間か時間を決め、最初に上級生と下級生がペアになるようになるべく鬼決めし、ゲーム感覚でやってみよう。

目的

ゲーム感覚でいろいろな方向に走りまわり、鬼が多いので周囲を見回す能力を養う。ペアになった鬼のチームワーク、体力のない下級生に対する思いやりの心を育てる。

●ボール鬼

やり方

総人数の1/3ほどのボールを用意し、最初にボールを持った子どもを鬼に設定する。ボールを持ったままタッチし、ボールを渡して鬼を交代する。

制限時間を数分に決め、最後にボールを持っている子どもに罰（下記参照）を与える。

目的

手つなぎ鬼と違って、鬼はひとりで追いかけてくるため、かなりの注意力をもって周囲の状況判断をすばやく行わねばならない。その分、機敏な動きが要求される。ゲーム感覚で、罰を逃れるために真剣に走り回る。

下級生ばかり狙わない思いやりの心も必要となる。

罰ゲーム

ビーバーズで採用している罰ゲームは、センターサークル内で、みんなの見ている前で大きな声で踊りながら歌を歌わせるというもの。

罰ゲームは単に走らせたり、筋トレをさせるようなものは、やらされるものもネガティブな気持ちが芽ばえ、あまり望ましくない。工夫しておもしろいことをやらせてみよう。

目的

大勢の前で大声を出したりする罰ゲームをすることで、大きな大会や観客の多い試合、緊迫した場面で注目を浴びていても、上がったり緊張せずに自分をアピールできる強いメンタルができあがる。

●ボール2つでのドリブル

2つのボールを同時に扱うことで、ボールに慣れ、集中力を高める。ボールのハンドリングもよくなるだろう。

まずは移動せずに、その場で2つのボールを連続して床につけるように練習しよう。

時間を区切って、何回できるかを競わせたり、目標回数を決めて行うのもいいだろう。

バリエーション

●2個同時につく

●左右交互につく

●1回ついて体を回転する

●アンダーハンドでの練習

遊び感覚で、その場でいろいろな方法で下からボールをつく。床に落とさずに何回つけるかを競わせたり、目標回数を決めてできるまでやらせてみるといいだろう。

楽しみながらボールに慣れ、ハンドリング能力が高まる。

バリエーション

●片手で上につく

どちらか片方の手で、ボールを床に落とさないように連続して上につく。左右交互にやってみてもいいだろう。

●両手で上につく

初心者は普通に上につくだけでも練習になるが、ここでは上につきながら両ヒザを床につけて立ち上がる、など姿勢を入れかえたりしてみよう。

●両手とヘディングを交互に

両手で上げ、頭に当て、また両手で、と交互に行う。トスを上げる高さや微妙なコントロール能力もきたえられる。

アンダーハンドでネットをくぐって移動

やり方

アンダーハンドで、ボールを床に落とさないようにつきながらコートを縦に往復する。

上級生と下級生を一緒にしたグループをいくつかつくり、リレー形式で競わせてもいい。

目的

ボールをコントロールしながら動くことでハンドリング能力を高める。ネットをくぐるときのからだの使い方、ボールを上げる高さの調節をおぼえる。

バリエーション

- 前向き
- 横向き
- 後ろ向き

後ろ向きでも、ネットとの距離感やボールの高さを調節しながらネットをくぐれるようにしておくことでバランス感覚が身につく

前向き

横向き

後ろ向き

オーバーハンドで寝て起きる

やり方

オーバーハンドでトスを上げながら床にあお向けになり、また起きあがる。うまくできるかどうか競ってやってみよう。

目的

ボールのハンドリング能力、腕やからだの使い方、ボールとの距離感、トスの正確性などを、ゲーム感覚で身につける。

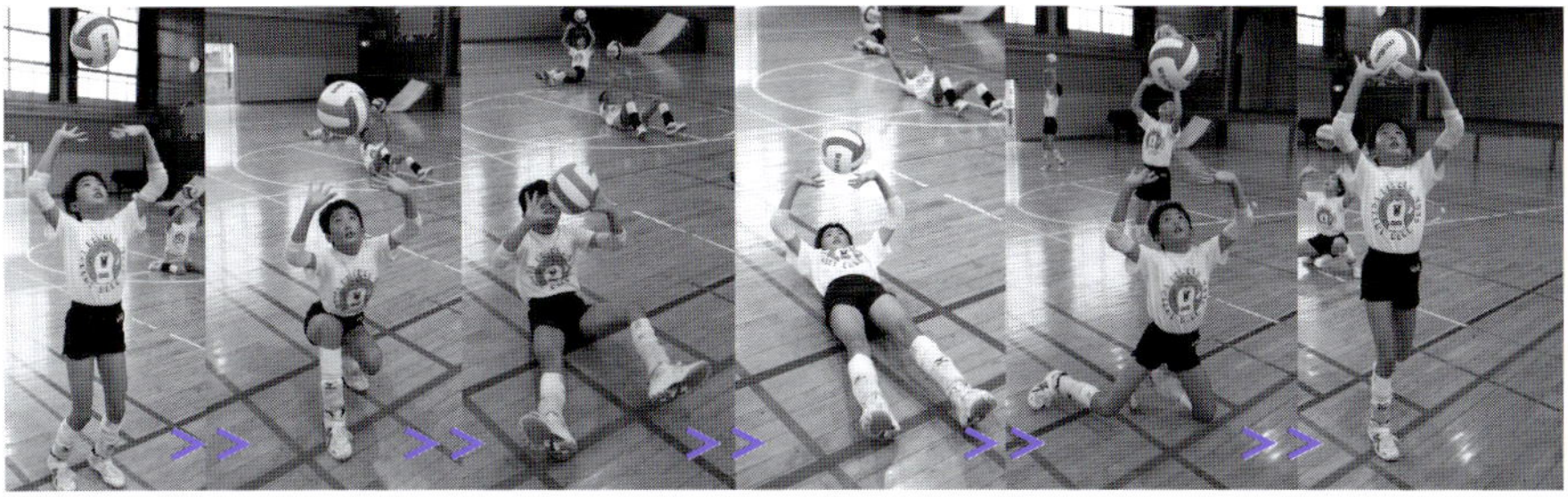

ローラーを使った練習

上級生と下級生が均等に分かれたグループをいくつかつくり、リレー形式で競わせる。

慣れない姿勢になってもバランスをくずさないためのからだの使い方、新しい状況に慣れるための順応力、チームのためにできないことをどうにかしようとする努力の気持ちやチームワークを育てる。

●リレー（ダッシュ）

上級生と下級生を一緒にしたグループをいくつかつくり、コートの縦を使ったリレーを行う。途中でネットをくぐるタイミングのとり方がポイント。罰ゲームなどを設定することで、真剣味がさらに増す。

ゲーム感覚で子どもたちは真剣に走る。チームのことを考えて努力する、チームプレーの精神も養われる。

バリエーション

- ●前向き
- ●後ろ向き

●ドリブル

上級生と下級生を一緒にしたグループをいくつかつくり、コートの縦を使ってドリブルでリレーを行う。途中でネットをくぐるときのボールコントロールがポイント。罰ゲームなどを設定することで、真剣味がさらに増す。

ゲーム感覚でいろいろな状況でのからだの使い方をおぼえ、あせらずていねいに行うことでチームプレーの精神も養われる。

バリエーション

- ●片手ドリブル（前・後向き）
- ●両手ドリブル（前向き）
- ●両手ドリブル（後ろ向き）

●風船を使った練習

上級生と下級生を一緒にしたグループをいくつかつくり、コートの縦を使ったリレーを行う。途中でネットをくぐるときの判断力とからだの使い方がポイント。罰ゲームなどを設定することで、真剣味がさらに増す。

効率のいい風船の扱い方を工夫しながらからだを動かす。チームのことを考えた、チームプレーの精神も養われる。

バリエーション

- ●手でトス
- ●足でリフティング
- ●ヘディングで

●サーブ

上級生と下級生を一緒にしたグループをいくつかつくり、各グループでボールを1個使って次々にサーブを打つ。自分で打ったサーブをひろって次の人に手渡す。相手コートに入らなかった場合は罰ゲームを与える。緊迫した時間の中でていねいなプレーができるようになる。低学年に対する思いやりやフォロー精神、チームプレーの精神も養われる。

罰ゲーム

外した場合はボールをひろってから、バスケットにゴールを決めて戻ってくる。

●キック

上級生と下級生を一緒にしたグループをいくつかつくり、各グループでボールを1個使って次々にキックでネットを越す。自分でけったボールをひろって次の人に手渡す。相手コートに入らなかった場合は罰ゲームを与える。プレッシャーの中でも慣れないプレーができるようになる。低学年に対する思いやりやフォロー精神、チームプレーの精神も養われる。

罰ゲーム

外した場合はボールをひろってから、バスケットにゴールを決めて戻ってくる。

●ジャンケンからイスくぐり

上級生と下級生を一緒にしたグループをいくつかつくり、隣のグループの下級生をひとりハーフコートの中央に立たせ、センターライン付近にイスを置く。

まずダッシュしてその子にタッチ、そしてジャンケン。勝った場合は、そのまま走って戻り、次の選手にタッチしてリレーする。負けたら、その先に置いてあるイスをくぐってから次の選手にタッチ。

ジャンケンという偶然に起こったアクシデントでも最後まであきらめずに取りかえそうとする精神。ジャンケンに負けた人をフォローする気持ち、チームプレーの精神も養われる。

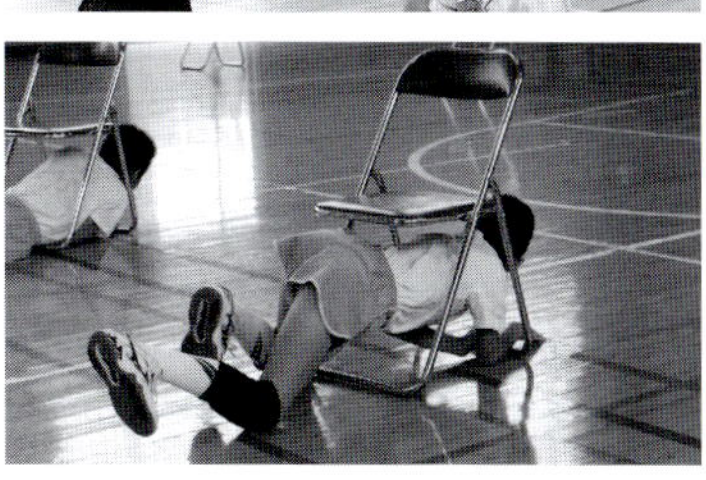

●とび箱やマットを使ったバリエーション

上級生と下級生を一緒にしたグループをいくつかつくり、障害物を使ったリレーを行う。いろいろな課題を与えることで、からだの使い方をおぼえる。また誰かが苦手としている種目を、得意な選手がカバーする。またがんばる姿を声で応援し、励ます心を育成する。チームプレーの精神もできあがる。

バリエーション

- **●とび箱の上からジャンプして前転**
- **●ジャンプで180度回って後転**
- **●ジャンプで360度回って前転**
- **●なわとびやイスなども入れてバリエーションを増やす**

高くジャンプ

180度ターン

前転

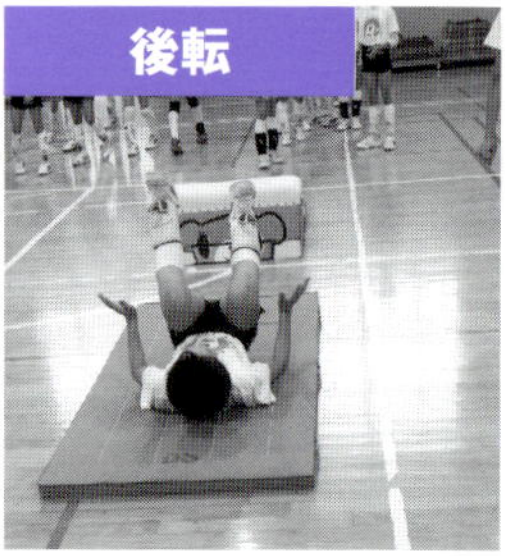
後転

イスくぐり

●ジャンケンの罰ゲームを入れる

やり方

各グループの先頭がボールをバトン代わりにもつ。センターラインに隣の列の下級生を立たせ、走りよって、ボールをあずけてジャンケンをする。勝てばそのまま戻り、負ければ罰ゲームをして戻る

目的

偶発的に窮地に立たされたときでも、最後まであきらめない精神を養う。あきらめずに逆転して勝ったときの喜びを味わわせる。

バリエーション

- **●ボールを遠くに投げる・前転、後転、側転、ブリッジなどで戻る**

●イスを使ったリレー

やり方

上級生と下級生を一緒にしたグループをいくつかつくり、障害物を使ったリレーを行う。

イスは4mほど離して2〜4個置き、イスを使った課題を与え、それをクリアしながらリレーを行う。

必要に応じて罰ゲームなどを設定することで真剣味も増す。

目的

慣れない動きに時間的な制約をもうけ、正確にすばやく行わせることで、からだの使い方がうまくなり、敏捷性をつける。

チームで競わせて、チームメイトへの思いやりやフォロー精神など、チームプレーの基礎をつくる。

バリエーション

●イスの背にボールを通す

●脚の間にボールを通す

●イスを1周して座る

●とび越える

●2人ペアでボール2つの練習

●ボール2つでのキャッチボール

やり方

片手でボールをもって、同時にペアに向かって投げ、相手からのボールをキャッチする。慣れてきたらテンポよく、連続して続けられるようにする。目標の回数を設定してやってみるのもいい。

目的

ボールが空中でぶつからないように配慮したり、相手のとりやすいところに投げることで、相手を思いやる気持ちが芽ばえる。自分本位ではうまくいかないので、チームプレーにもつながる。

●ワンバウンドでのキャッチボール

やり方

キャッチボールと同じ要領で、今度は空中でなく、床にワンバウンドさせて行う。ここでも徐々にテンポを速くしてもできるようにしておくといい。

目的

ボールがぶつからないように配慮したり、相手のとりやすいところに投げるにはどこでバウンドさせればよいかを考えることが大切。バウンドしたボールをキャッチするため、短い時間でていねいにスローイングする動作の正確性が求められる。自分本位ではうまくいかないので、チームプレーにもつながる。

●ワンバウンドを上からキャッチボール

やり方

片方は上から、もう一方はワンバウンドでキャッチボールを行う。徐々にテンポを速くできるようにしておく。一定の時間を終えたら、役割を交代して行う。

目的

ペアと呼吸を合わせて行うことで、コンビネーションの基礎ができあがる。相手のとりやすいところに投げる配慮で、相手を思いやる気持ちが芽ばえる。ひとつひとつの動作を短時間でていねいに行う能力を養う。

●3人1組でボール3つの練習

やり方

3人でボールを隣の選手に同時に投げ、キャッチする。徐々にテンポを上げてできるようにする。

目的

正面でなく、ボールを投げる方向を変えても正確にできるようにする。呼吸を合わせ、相手のとりやすいところに正確に投げることで、思いやりの気持ちと動作の正確性を養う。

バリエーション

●下からとなりにパス

コーチの合図に合わせて逆回りにしたり、いろいろ試してみるのもいい。

●ワンバウンドでパス

●4人1組でボール4つの練習

やり方

4人1組になっていろいろなバリエーションでボールを回す。徐々にテンポを上げたり、コーチの合図に合わせて回し方を変えても対応できるようにしておく。

目的

4人の呼吸を合わせ、相手のとりやすいところに正確にボールを送ることで、コンビネーションの基礎、相手を思いやる気持ち、動作の正確性が養われる。また合図で回し方を変化させることで、臨機応変な状況判断のトレーニングにもなる。

バリエーション

●下からとなりにパス

合図で逆回しにする、ワンバウンドなど工夫していろいろやってみよう。

●ワンバウンドでパス

●対角のパスも入れる(図例参照)

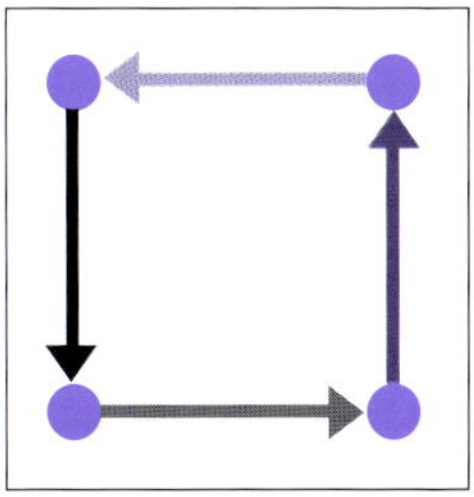

最初に普通に隣の選手にボールを回す

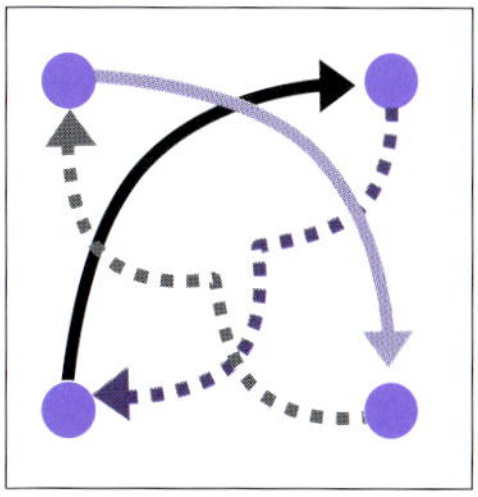

次に対角の選手に、ひとりは上から、もう一方はワンバウンド役割を決めてボールを投げる

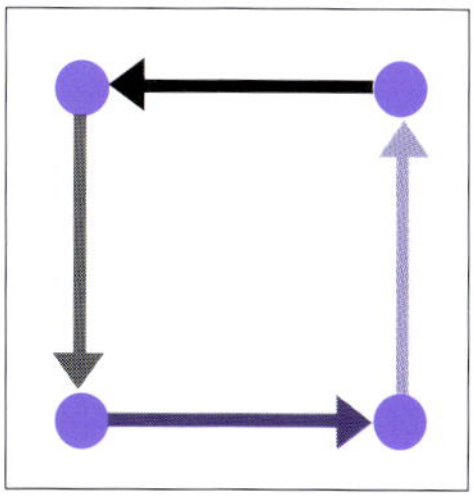

再度、通常のパスを投げ、次は上からとワンバウンドを交代して対角の選手に投げる

高学年の練習

**高学年の練習は、通常、時期によって課題を変えて行う。
大まかに区別すると、個人の技術を向上させるための練習と
チームをつくり上げていくための練習になる。
世代交代直後、大きな大会への準備、大会後に課題ができた時期、など
その時期に必要な練習を組み合わせて構成していくといいだろう**

高学年だけの練習は、ゲーム感覚というよりは、むしろ実戦に直結する練習がほとんどと言えるでしょう。

しかし、相手は小学生なので、練習をはじめる前に、必ずその練習の主旨をしっかり説明してあげなければ理解できません。ダラダラした練習をいくら長い時間やっても意味がありません。少しでもダレてきたら中断し、何度でも言いきかせることが大切です。

練習に集中させるためには、かならずメリハリをつけなければなりません。単調な練習をしていては、必ず集中力が途切れます。強弱のリズムをつけ、ジョークで場を盛り上げ、必要に応じて休憩を入れながら、つねに声を出させて、活気のある練習環境をつくり上げることが大切です。できたらほめ、ときに叱り、喜びや苦しみを、コーチも含め全員で共有しましょう。

●対人パス

やり方

2人ペアになってオーバーハンドでの対人パス。最初に短い距離で行い、慣れてきたら距離を長くして行う。

目的

実戦でもミスを起こしやすい短い距離のコントロールからはじめる。正確なパスを出す意識をもたせ、徐々に距離を伸ばした方が効果的。

バリエーション

●2本指、3本指パス

人差し指と親指の2本、それに中指を加えた3本の指で上げさせることで、普段オーバーハンドパスをするときの意識するポイントを明確にする

2〜3m

6〜8m

●直上パス

2人ペアになって、まず一度真上に正確に上げてから相手にパスをする。パスをするときにからだの向きを変えたり、いろいろな状況を想定して練習しておくことが大切。

バリエーション

●直上・前

●直上・横

パスをするときに横を向く。一本目に真上に上げたときに伸び上がらないことがポイント。

●直上・バック

パスを受けたら反転して後ろ向きで上げる。即実戦につながる練習。パスを呼びこんだり、いいパスをほめたり、アドバイスを入れる。

●ジャンプ直上・前

ボールを受けるときにジャンプして直上に上げ、相手にパス。ジャンプトスにつながる練習。

●直上・ジャンプトス（前・後）

受けるときは普通に真上に上げ、パスするときにジャンプトス。短い距離から徐々に長くしていく。

●直上ジャンケン当てパス

やり方

パスを受けて直上に上げているときに、ペアがグー、チョキ、パーのいずれかを出し、それを当ててからパスを返す。パスを受けたペアは同じことを行う。

ジャンプトスなどを入れるのもいいだろう。

目的

視野を広くすることで、実戦になったときでもチームの仲間の位置や相手の状況判断が可能になる。

●三角パス

やり方

3人1組でパスを回す。しっかり声を出したり、手をたたいてボールを呼びこみながら行う。

目的

パスを受けて、角度をつけて返すことで、より実戦に近い状況になる。声を出すことで、心でつなぐパスができるようになる。

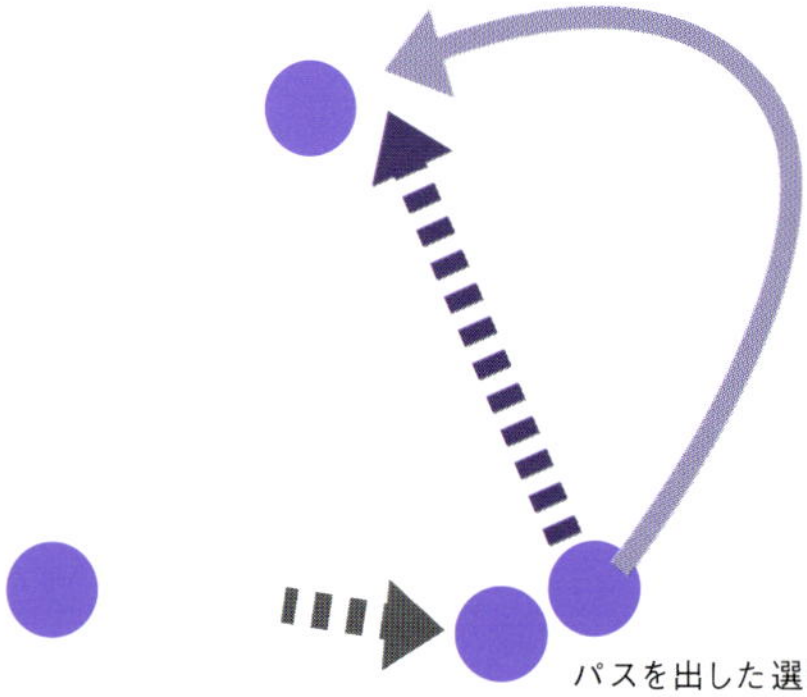

パスを出した選手が受け手の後ろに回りこみ、手を上げて腰を落とし、フォローの姿勢をとる

バリエーション

●ボール1個

●ボール3個

声を出し、タイミングを合わせながら相手のとりやすいところにパスを出す。

●ジャンケン当て

直上パスを行うときに、残りの2人がグー、チョキ、パーのいずれかを出し、それを当てる。もしくは残りの2人が実際にジャンケンをして勝った方の名前をコールする。

実戦につながる広い視野を養う練習。

●移動パス(4人の三角パス)

パスを受ける選手のフォローまでしっかり行う(左図参照)

●アンダーハンドパス

やり方

対人でアンダーハンドの練習。前を向いてやるだけでなく、慣れてきたら直上をはさんで、横向き、バックなどもおりまぜ、いろいろなバリエーションを行う。

目的

実戦で横や後ろに来たボールを正確に返すための練習。

バリエーション

●直上・前
●直上・横
●直上・バック
●サイドアンダー
●バックアンダー
※慣れてきたらダイレクト

2人ペアになった対人系の練習はいろいろなバリエーションがあるので、オーバーハンド、アンダーハンド、直上、スパイク、アンダーハンドレシーブ、オーバーハンドレシーブ、ジャンプトス、ジャンプバックトスなどテーマを決めて、いろいろとやっておくといいだろう。それぞれ短時間でバリエーションを豊富にやると効果的。

【バリエーション例】
スパイク&オーバーハンドレシーブ&ジャンプトス
一方がかるくスパイクし、それをオーバーハンドレシーブで返す。それを直上に上げジャンプトスで返す。さっきレシーブした選手がスパイクする。

●三角ランニングパス

やり方

コートを縦に使って、横にならんだ3人の選手がポジションを移動して前に進みながらパスを回す。

パスを出した選手は、受ける選手の後方に回りこむようにローテーションする。

目的

動いている状態からの正確なパスと、声を出してパスを呼びこむ。

ネットを越えるときの判断と声出し（指示）で、しっかり3人の意思疎通をしてから、くぐるタイミングを計る。

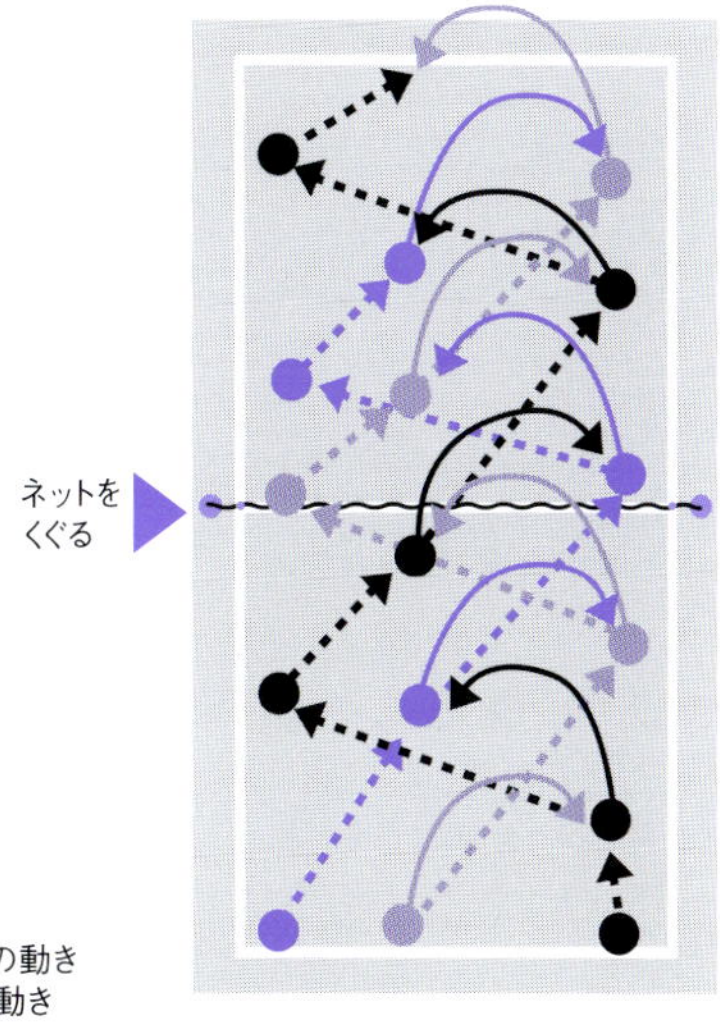

実線…ボールの動き
破線…選手の動き

●四角（三角）レシーブ

やり方

テーマを決めて、四角（人数が少ない場合は三角でも可）になって、スパイク、レシーブ、トスを行う。

目的

4人（3人）で行うことで、さらに正確性が要求され、しっかりした声出しも必要となるのでより試合に近くなる。

レシーブやトスを上げる選手は誰に上げるかを声に出し、スパイクのときは周囲が誰に来るかを声でサポートする。

レシーブやトスが乱れたときもかならず声でサポートする。

連続させるためにはポジションのとり方が大切になる。

ボールだけを見て打つのでなく、相手がどこにいるかを見て正確に打つことが、実戦での状況判断にもつながる。

バリエーション

●アンダーハンド

●オーバーハンド

※ジャンプトス、フェイント、ジャンプしてのスパイクなどを入れるのもいい

●前後連続レシーブ

やり方

コーチが手投げでボールを出して、前後に走ってレシーブする。本数を決め、前後交互にではなく、コーチの判断でランダムに球出しする。ひとり4本程度が妥当。

目的

実戦でどこに来るかわからないボールを予知して、いかにボールの下に早く入るかを練習させる。試合での相手とのかけひき（予測）の練習にもなる。

下がってボールを前に返すことで、小学生の頃から後ろの感覚を身につけさせる。

ナイスプレーはかならずほめ、とれない場合は1本追加するなどしてもよい。

きびしい練習なので、周囲はだまって見ているだけでなく、アドバイスや励ましなどの声で参加する。

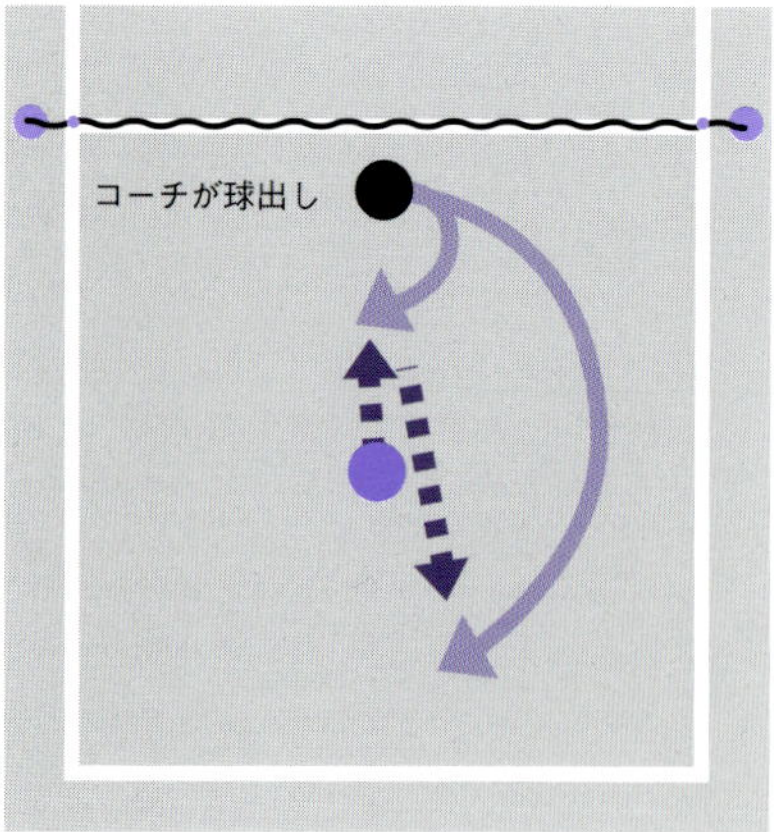

前後に交互でなく、ランダムにボールを出す。とれるかとれないかのところに出すのがポイント

●「8の字」ランニングサイドレシーブ

やり方

コーチの球出しで「8の字」に走りながら、コーチの横にいる選手にボールを正確に返球する。最初は投げて球出しをするが、リズムが出てきたら打つようにする。

パイロンの間は4m程度。途中で長い待ち時間ができないように、4〜5人の選手に対して間髪を入れない球出しをする。

目的

実戦でも多く見られる、横（ななめ前）に来たボールを、動いて目標のところに角度を考えて返す。動きながらでも、しっかり腕を伸ばし、面をつくって返す。つねに低い姿勢をキープする。

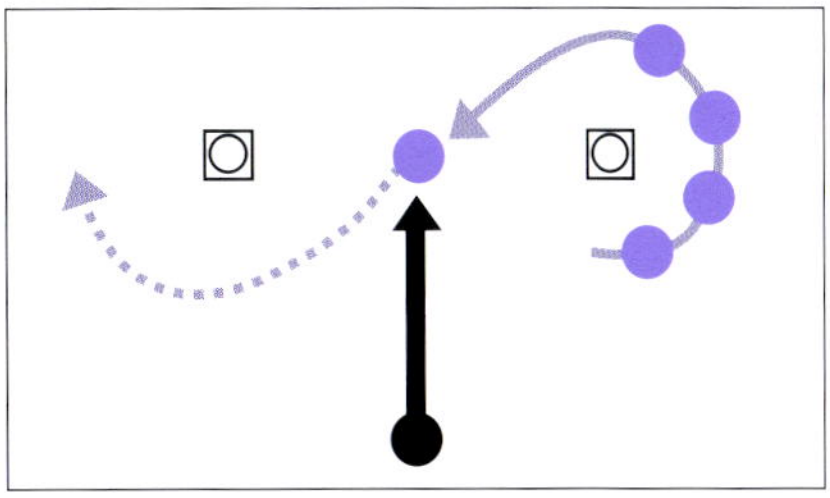

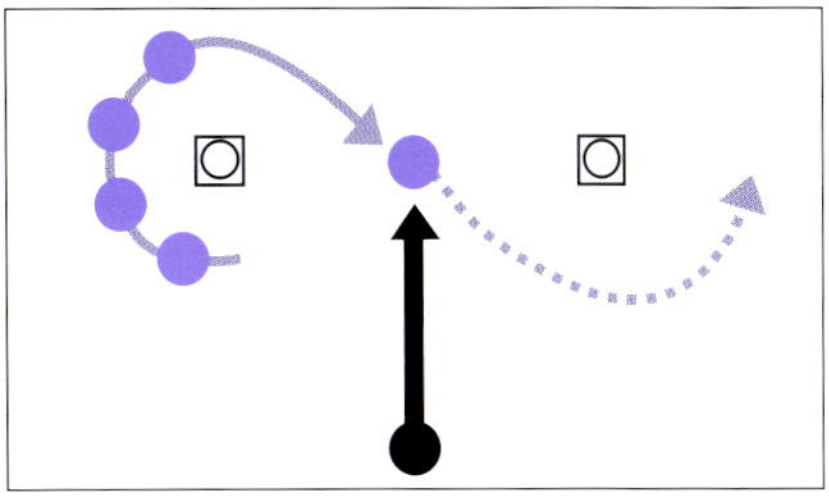

途中でダラダラ休まない程度にテンポよくコーチが球出しをすることが大切

●ワンマンレシーブ

やり方

コーチが動き回りながら、前後左右に強い球、弱い球をランダムに球出し。球出しは、最初は手投げ、リズムが出てきたら打つようにする。

大体の時間か本数を決めて行い、ダラダラしてきた場合など、状況に応じて本数を増やしたりもする。

目的

最後までボールにくらいついていく、あきらめない気持ちが芽ばえる。きびしい練習の中でからだの使い方をおぼえ、俊敏性が身につく。

ランダムな球出しであるが、つぎのボールに対する読みをするようになる。

きびしい練習なので、見ている選手がしっかり声で参加する。励ます心、思いやりの心から、ボールをみんなでつなぐ心が生まれる。

ナイスプレーはどんどんほめ、最後はコーチとハイタッチして終わることで、信頼感や達成感が生まれる。

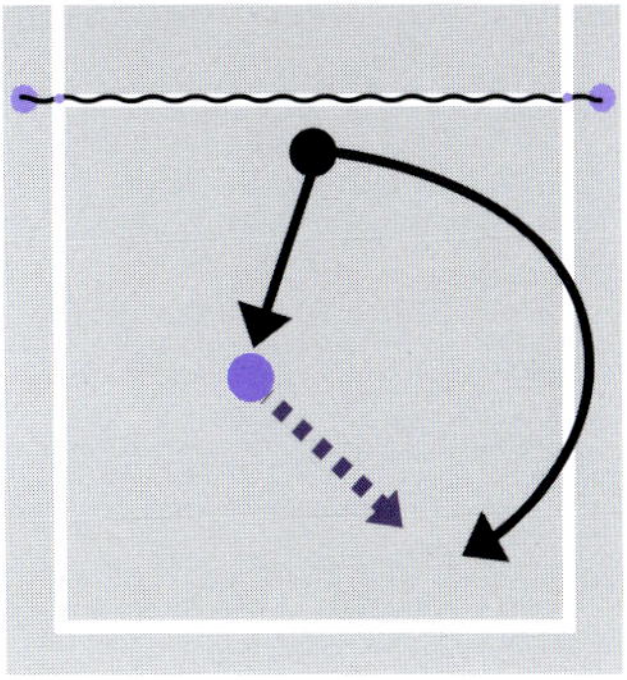

コーチも動き回って、必要に応じボールの勢いに強弱をつけて、ギリギリとれるかどうかのところに球出しする

●3m～6m～8mジャンピングサーブ

やり方

まずは助走をつけてトスを上げ、アタックライン（3m）の位置から相手コートに打つ。慣れてきたらセンターラインから6mの位置に下がる。最後にエンドライン（8m）まで下がって行う。

必ずレシーバーもセッターも全員やるようにする。

目的

トスをしっかり上げ、踏み切るタイミング、左手の使い方をおぼえる。単にジャンピングサーブだけでなく、スパイクのミートをよくする、はなれたトスを打つ、ためのからだの使い方をおぼえる練習となる。からだを反らせて、しっかりかぶせて打つ姿勢を身につけておく。

最初はジャンプが早くなりがちなので、タイミングをおぼえるまでしっかり行う。最初からうまくはできないので、時間をかけて、ミートの感覚、遠くに飛ばす感覚、ネットの感覚を楽しみながらおぼえさせる。

ポジションにかかわらず全員でやることで、将来の可能性をつぶさない。

●連続3ヶ所スパイク

やり方

手投げの球出しの場所を3ヶ所つくり、各スパイクポジションの後方にイスをおく。スパイク後は後ろに置いたイスを回ってつぎのポジションに移る。レフトでオープントス、センターでAクイック、ライトでセミの3本を連続して打つ。

レフト→センター→ライト、ライト→センター→レフトの両方やっておくことが望ましい。

目的

スパイクを打ったら、しっかり下がって自分でポジションをつくる癖をつけておく。

一本一本ただ打つのではなく、各ポジションでコースを狙って打つことが実戦につながる。

連続で打たせるのがテーマなので、途中で子どもがつまってしまわないように、コーチの球出しのタイミングや正確性が大切。

● …コーチ
○ …イス
破線…選手の動き

コーチがタイミングよく正確に手で上げることが大切

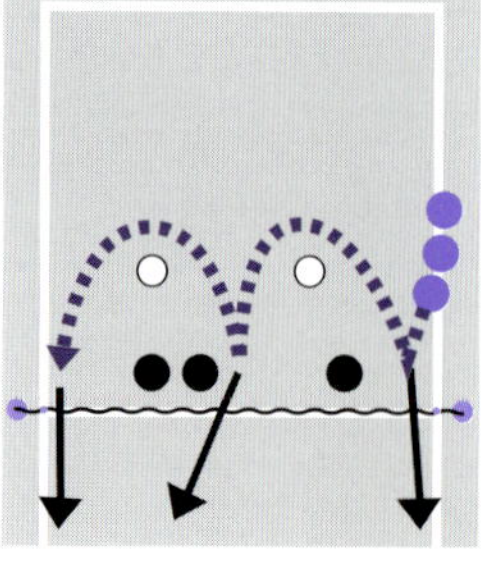

連続コース3本打ち

やり方

コーチが手で球出しをし、1ヶ所からひとりが3回連続して打つ。相手コートにマットなどの目標物を3つつくり、その3ヶ所を狙ってスパイクする。

最初はブロックジャンプからはじめ、後ろに下がってから助走をつけて打つ。各スパイク後は下がって、必ず助走をつけて打つようにする。

ストレートとクロスには強打、センターには軟打、と強さも打ち分ける。

目的

短い時間で判断し、コースに打ち分ける能力をつける。また悪いトスをいかにつなぐかの練習にもなる。

打った後にすばやく下がって、自分でポジションをつくり、ボールに合わせて打つ練習になる。

ひとつひとつのプレーが粗くならないように気をつける。

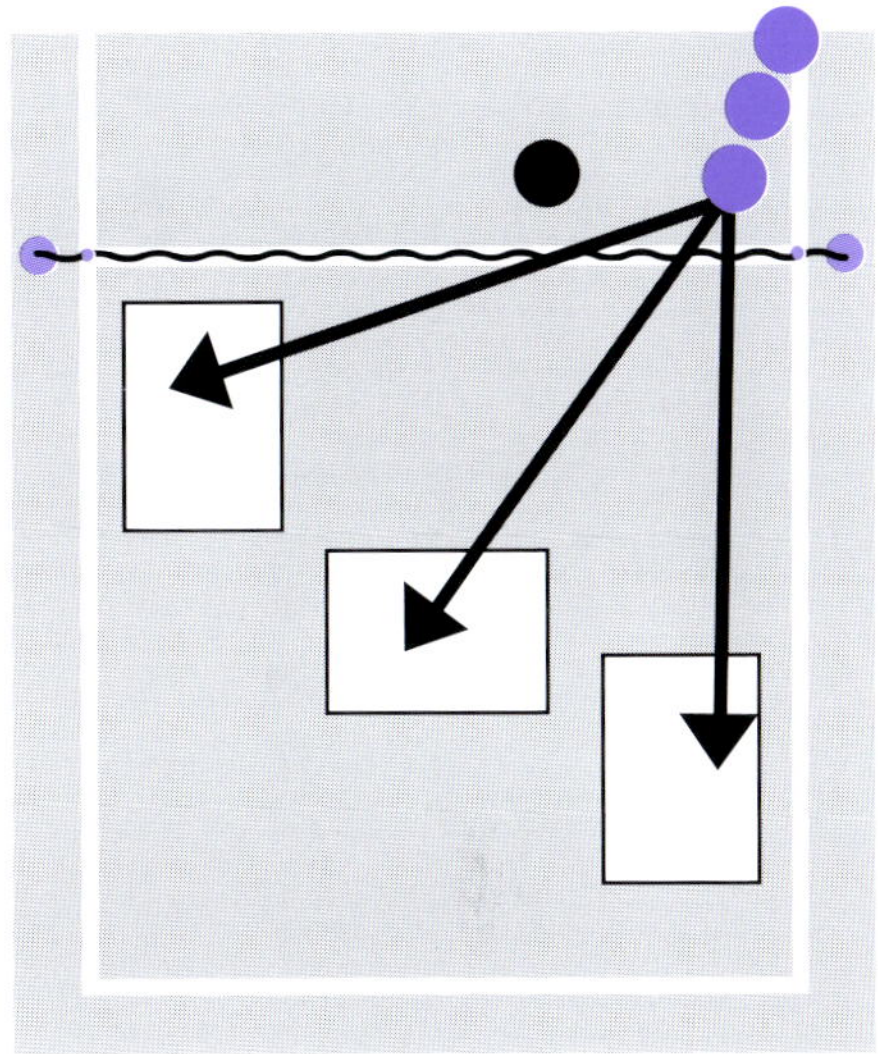

ストレートとクロスには強打、センターには軟打を打って目標を狙う

追い打ち

やり方

コーチがセンターから手で球出しをして行う。

センターに列をつくり、レフト、ライトに上がったボールを追いかけて打ちこむ。

レフト→ライト、ライト→レフトの両方やっておくことが望ましい。

目的

移動攻撃などで外に流れて打つスパイクは、相手のブロッカーを左右にゆさぶることができるので実戦でも効果的。

また、実戦でセンターでレシーブやブロックした選手がレフトやライトに移動して打つ練習。

基本練習でもいいプレーが出たら、みんなでほめたたえることで、ボールを扱わない選手も一緒に声でプレーする練習になる。

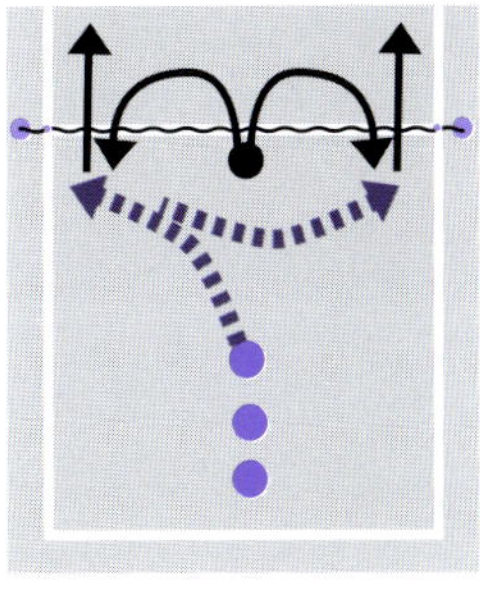

コーチは手で球出しをして、左右のオープンに正確に上げる

高学年（5・6年）

●左手スパイク

やり方

きびしい練習の合間に行う。セッターの球出しから、通常のスパイク練習の要領で行う。

できるようになってきたら、打つ位置をいくつかつくってもよい。

強く打つより、まずミートを先に心がける。

目的

楽しみながら自然にからだの使い方や左手の使い方を身につけさせる。将来的に両手で打てるスパイカー、トスが流れたときに左手でカバーできる選手の育成につながる。同時に利き腕にかたよらず、左右均等なからだづくりにも役立つ。練習のメリハリをつける効果にもつながる。

●ひとり時間差

やり方

セッターとセッターの後ろにひとり選手を置き、セッターが手投げで後ろの選手に投げてスタートする。オーバーハンドパスで返って来たボールを、セッターがトスアップし、最前列の選手がAクイックのタイミングで入り、ヒザを曲げたまま、ヒザを伸ばさずに待ってからスパイクする。

目的

子どもは好奇心が強いので、いろいろなことをやりたがる。新しいことにチャレンジさせてみるとモチベーションも上がる。

必ず実際のAクイックと同じタイミングで入ることが大切。

セッターを入れ、必ずセッターからの活きたボールを打たせることで実戦につながる。

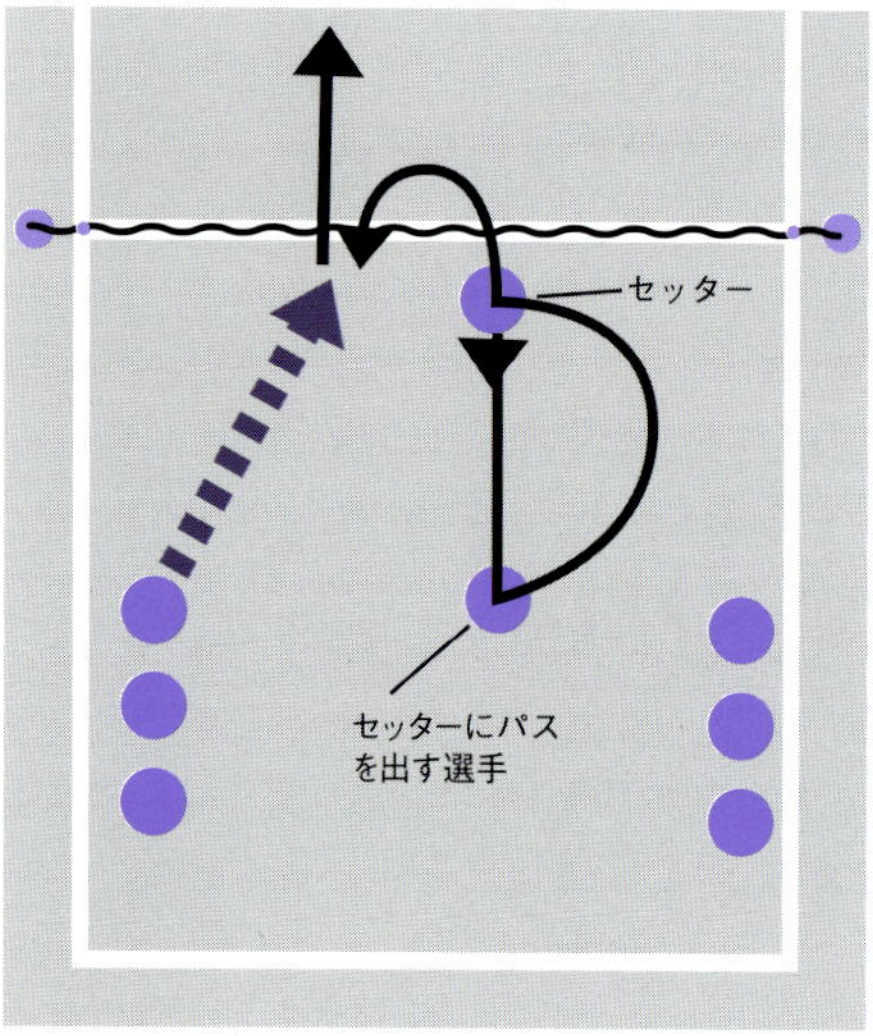

●コンビスパイク

やり方

セッターとセッターの後ろにひとり選手を置き、コーチが手投げで相手コートから後ろの選手に投げてスタートする。

オーバーハンドパスで返って来たボールを、セッターがスパイカーの要求に合わせたトスを上げる。ライトにはバックトスで上げる。トスが上がらないサイドの選手もタイミングを合わせて、ネット前まで出て、また列の先頭に戻る。

目的

相手コートからの活きたボールでの練習で実戦に近づける。逆サイドの選手もネットにつめる癖をつけておく。お互いの声のかけ合いやボールの呼びこみは、そのまま実戦に活きる。

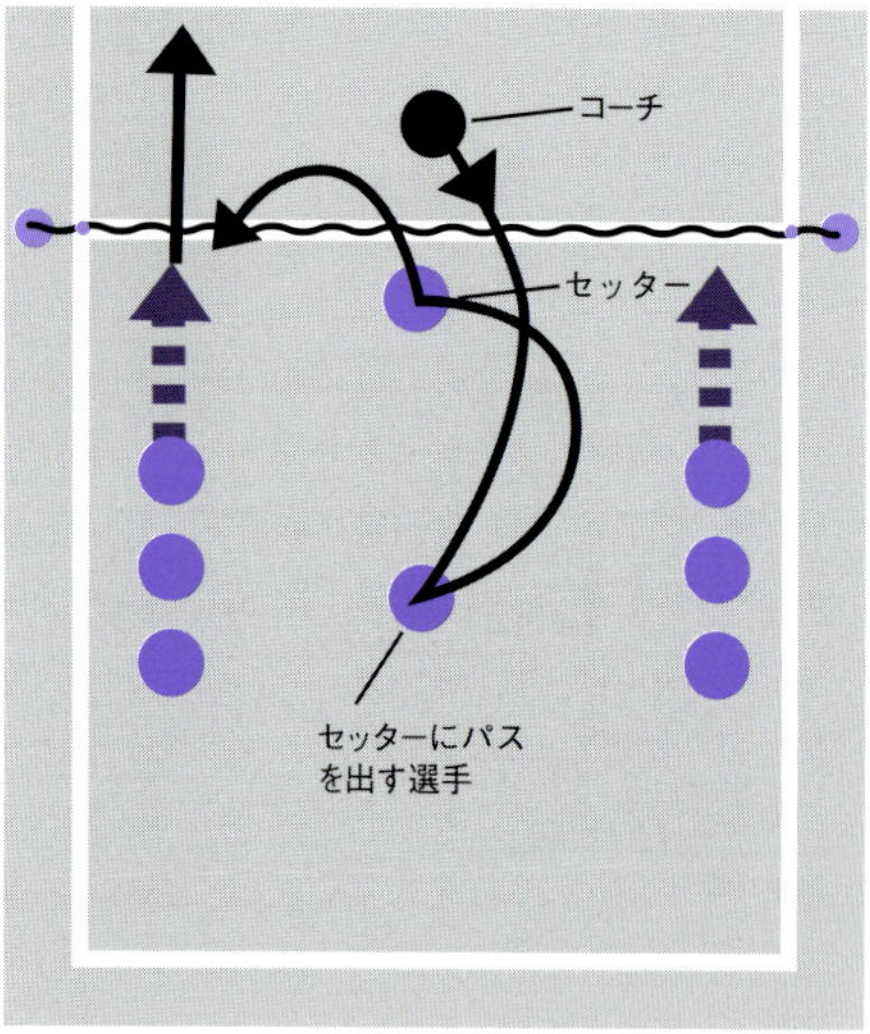

●レシーブ～トス～スパイク

やり方

セッターを置き、1列つくったところからはじめる。

セッターが先頭の選手の正面にスパイクを打ち、それをレシーブしてセッターに返す。セッターがトスを上げ、レシーブした選手が走りこんでスパイクを打つ。

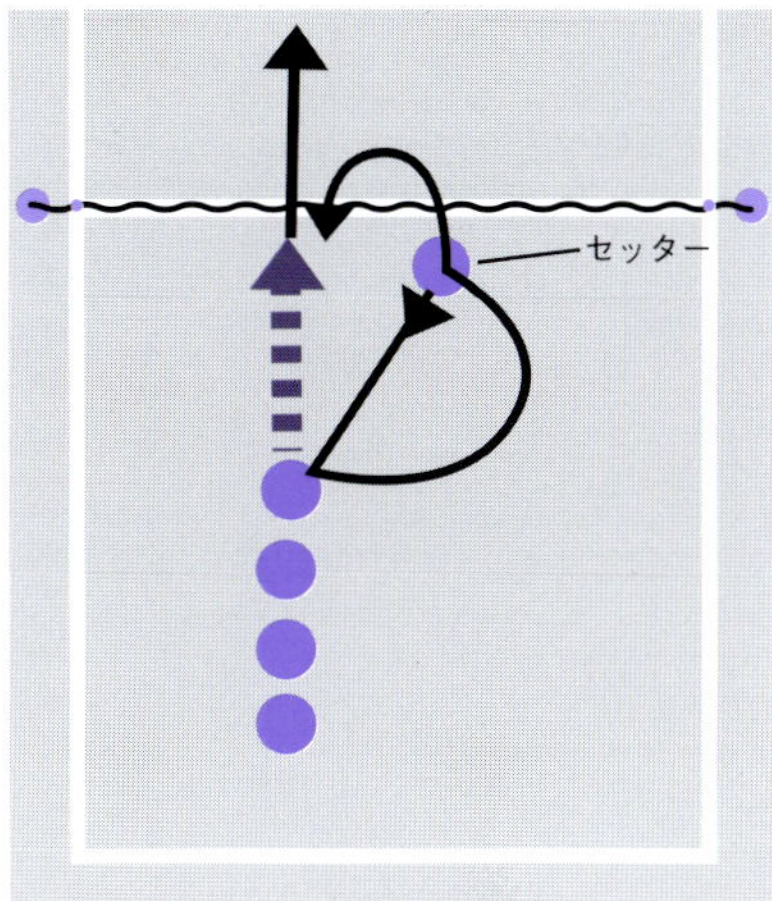

目的

自分でレシーブした活きたボールに対して、自分で下がってポジションをつくって打ちに行く練習。実戦に近い形で、セッターとのコンビができあがる。レシーブの乱れがトスの乱れにつながることを実感させ、つねにていねいなレシーブを意識させる。

基本練習はいかに試合に近い形で行うかがポイント。試合が近くなったら、ブロックをつけたり、コースを決めて打たせるのもいい。

●ひとりレシーブ～スパイク

やり方

コーチが相手コートからゆるいサーブで球出しをする。それをレシーブし、その球を同じ選手がスパイクする。

目的

実際にはできないプレーだが、最初のレシーブを打てる高さに上げることで正確性も増し、どこに上げれば打ちやすいかを考えられるようになる。

すべてを指導者に教えてもらうのではなく、自分で考えて工夫する能力が身につく。

スパイカーにとっては、レシーブが乱れたときのつなぎ方の練習となる。レシーバーにとっては、どんなボールを上げればスパイカーが打ちやすいか体感できる。相手のことを思いやったプレーができるようになる。

実戦のツーアタックの練習としても効果的。

●ひとりレシーブ～トス～スパイク

やり方

ひとりレシーブ～スパイクと同じ要領で、トスも入れて全てをひとりで行う。

目的

つぎのプレーのことを考えて行うことで、相手のことを思ったていねいなプレーができるようになる。また、どこかで乱れたときの対処の練習としても効果的。さらに、自分が何が苦手かあらためて実感できる。

2人レシーブ～スパイク

やり方

コーチが相手コートからゆるいサーブで球出しをする。選手は2列になって、ひとりがレシーブし、もう一方の選手がその球をツーで打つ。

目的

1本目のレシーブをどこに上げたらいいかを考えられるようになり、正確性も上がる。ボールを上げることの大切さがわかる。

スパイクを打つ選手はポジションのとり方やタイミングの合わせ方、ネットから離れたボールや乱れたときのつなぎ方の練習になる。しっかり声を出して、ボールをどこに上げさせるかを指示する癖をつける。

実戦のチャンスボールからのツーアタックにつながる。

いいプレーは必ずほめ、失敗しても気落ちせずに、次にがんばる気持ちの切りかえの練習にもなる。

かならず相手コートから球出しで行うことでより実戦的な練習になる

2人レシーブ～トス～スパイク

やり方

コーチが相手コートからゆるいサーブで球出しをする。選手は2列になって、ひとりがレシーブし、もう一方の選手がトスを上げ、レシーブした選手がスパイクを打つ。

目的

レシーブした選手が、セッターの状態を見て、ポジションをつくる(下がる、近づく、離れるの判断)練習になる。

つぎのプレーの予測、お互いの声のかけ合いや思いやりの心が芽ばえる。

バックトス、ジャンプトス、ジャンプバックトスからの移動攻撃など、何かテーマを決めて課題練習に発展させるのも効果的。

バリエーション

- バックトス
- ジャンプトス
- 移動攻撃など

いろいろなテーマをもってやることで、ポジションにかかわらず全員の技術力が上がっていく

●3人レシーブ～トス～スパイク

やり方

コーチが相手コートからゆるいサーブで球出しをする。選手は3列になって、ひとりがレシーブし、もう一方の選手がそトスを上げ、3人目の選手、もしくはレシーブした選手がスパイクを打つ。

このとき3人目の選手が打つときは必ず速攻、レシーブした選手の場合はオープントスでもよいこととする。

目的

レシーブした選手が、セッターの状態を見て、ポジションをつくる（下がる、近づく、離れるの判断）練習になる。

スパイクを打つ選手は、必ずどんなボールが欲しいかを要求し、ボールを呼びこむ。

失敗をおそれずに、積極的にむずかしい攻撃にも挑戦する。成功した場合は、周囲で見ている選手も一緒になって喜び、活気のある練習環境をつくる。

バックトス、ジャンプトス、ジャンプバックトスからの移動攻撃など、何かテーマを決めて課題練習に発展させるのも効果的。

スパイカーがセッターの状況を判断し、ベストの選択でボールを要求する

相手コートから打たれたサーブをレシーブ。課題がない場合は、オーバーハンドレシーブで受けるのが理想

課題になっていなくても積極的にジャンプトスに挑戦していこう

3人目の選手が打つ場合は、準備時間があるので、速攻を狙っていくと効果的

●コート外のボールの追いかけ

やり方

相手コートからコーチがコート外にゆるいボールで球出し。2列になって、一方がアンダーハンドでレシーブし、もう一方がスパイク。つなぎの練習なので、強いスパイクは必要ではない。

目的

悪いトスをいかにつなげて打つか、コート外のボールをどこに上げるかを考える。お互いの声のかけ合いとスパイカーのポジションどりの練習になる。ポジションどりが悪いとスタンディングになってジャンプできなくなることを体感する。

悪いトスのつなぎの練習なので、トスはネットにつけないことが大切。

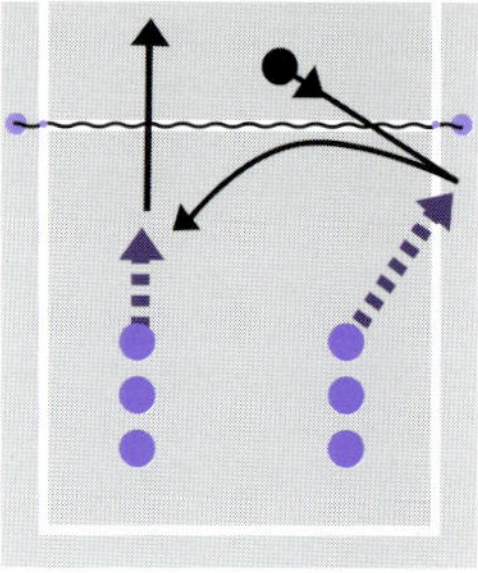

声をかけ合って、どこに上げるかを選手同士に考えさせる

●セッターを入れてのコンビ

やり方

セッターを置き、相手コートからコーチがゆるいボールで球出し。2列になって、一方がレシーブし、もう一方が速攻をかける。レシーブした選手もネットにつめて速攻を助ける。球出しでレシーブさせる選手を変えて、ひとつのペアが2回連続で行い、終了後にそれぞれ反対側の列の最後尾に並ぶ。

目的

セッターとアタッカーの声のかけ合いでコンビネーションをつくっていく練習。
いいプレーはみんなで喜び、積極的にむずかしいプレーにも挑戦できる環境をつくる。

バリエーション

●3人レシーブ～トス～コンビスパイク

セッターは固定、それ以外に3列つくって3人とセッターのコンビを練習

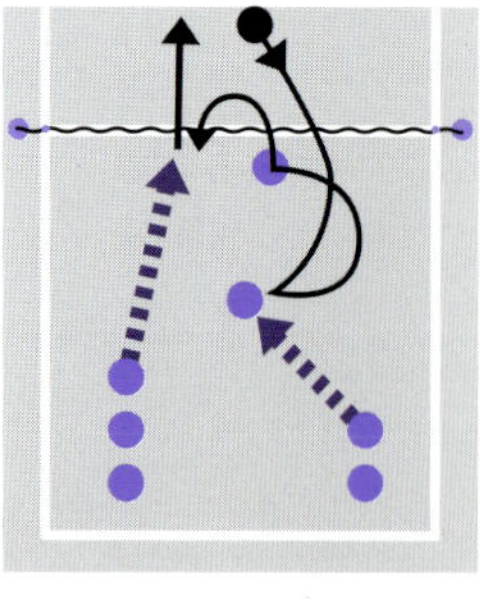

セッターは固定、スパイカーが欲しいボールを要求する

●シートレシーブ

やり方

コーチがコート内で動き回って、4人の選手にランダムに球出しをして、レシーブし、それを受けた選手がトスでコーチに返す。ボールが返ったら、間髪を入れずにつぎの球を出す。

最初はゆる目の球出しからはじめ、リズムが出てきたら徐々に強い球を入れるようにする。

目的

コート外、ネットプレーなども入れて、いろいろなボールに対応できるようにする。お互いの守備範囲やポジショニングの確認をする。声出し、ポジションどり、周囲の激励が大切。

選手がボールを追うのをあきらめたり、集中力が切れたら、その場でワンマンレシーブを入れる。

コーチの球出し能力で練習の成果が変わる。たまにボールを止めて、選手の位置関係を確認するのもいい。コーチ自身も声を出し、指示や激励をする。

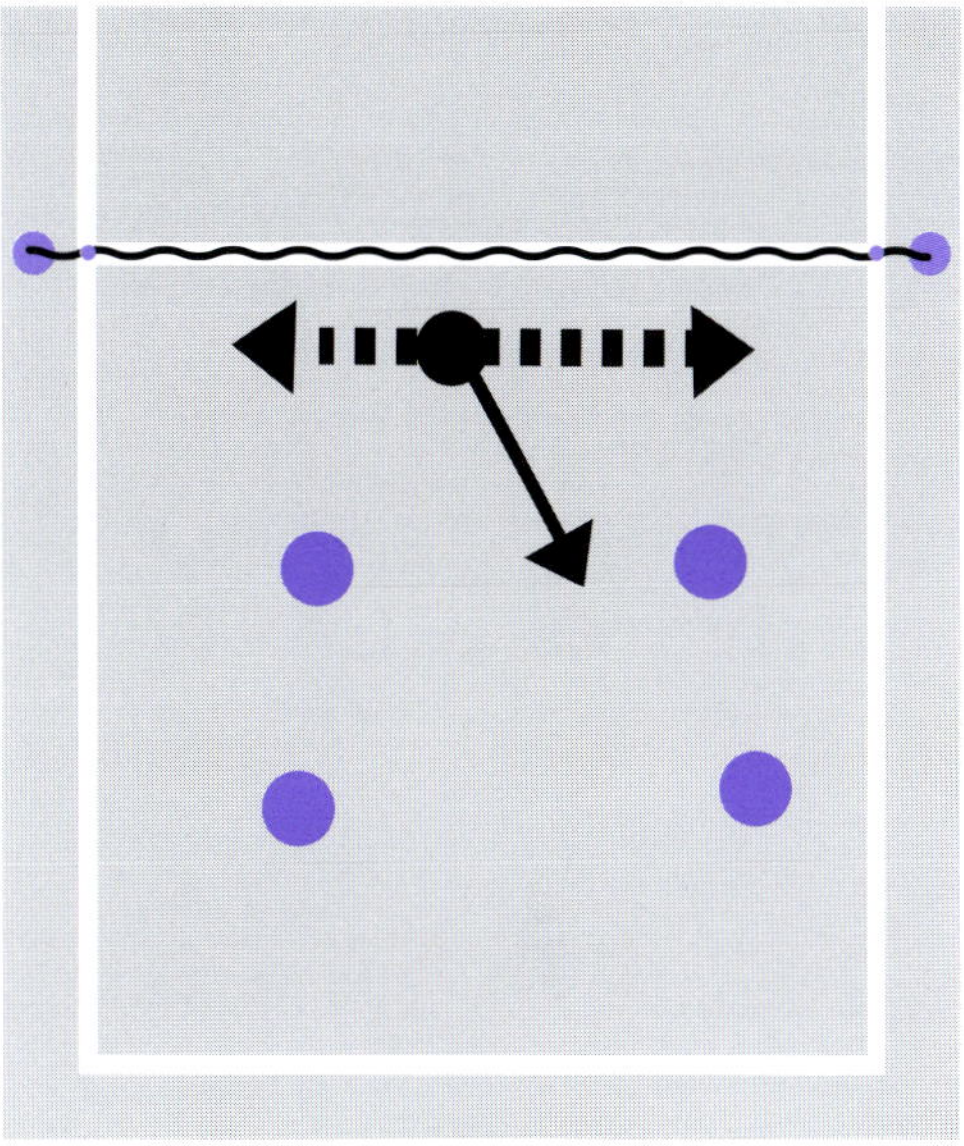

コーチもコート内を移動しながら打つ。コーチの球出しの能力が必要とされる

●相手コートにスパイカーを置く

やり方

シートレシーブと同じ要領で、相手コートにひとりスパイカーを立たせる。コーチはたまにスパイカーに上げ、スパイクを打たせ、そこからつなげていく。

目的

コート内での平面的な練習から、スパイカーに打たせることで立体的な要素も入れて、より実戦に近い練習にする。

球出しにワンバウンドさせたボールを入れるとブロックにワンタッチしたときと同じ回転が加わり、さらに効果的。

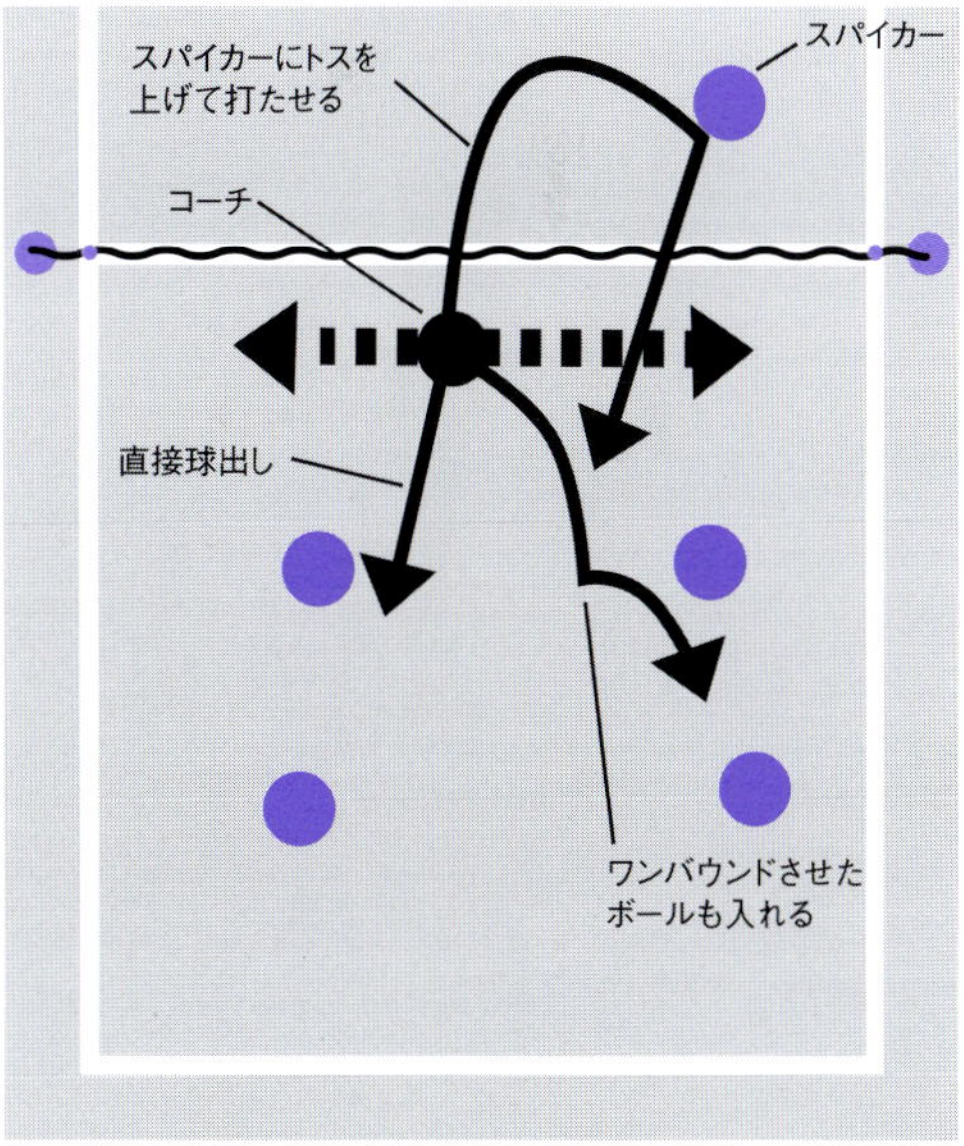
スパイカーにトスを上げて打たせる
スパイカー
コーチ
直接球出し
ワンバウンドさせたボールも入れる

相手コートからスパイクを打たせることでさらに実戦に近づいた練習ができる

レシーブからのコンビ攻撃

やり方

コーチが相手コートのネットぎわを左右に移動しながら球出し。コートに6人入り、実戦同様にコンビスパイクまで行う。スパイカー以外の選手はフォローまで行う。

目的

実戦に近づけるため、コーチは同じ場所からは打たずに、移動しながらいろいろな球種を打つ。

チャンスがあれば、ツーアタックなども入れて行う。

うまくできたときは、コーチも含め、全員で喜ぶ。6人になった分、しっかり声を出してボールを呼びこむ。

バリエーション

6人レシーブ〜トス〜キャッチ

試合前などでハーフコートしか使えない場合は、コート内から球出しをして、スパイクを打たずにキャッチする。

試合前などは相手チームに迷惑のかからないよう、スパイクは打たずにキャッチして終える

サーブレシーブからのコンビ

やり方

相手コートのネットぎわにコーチが立ち、サーブカットからのコンビネーションスパイクまでの練習をする。スパイクの直後にネットぎわのコーチが球出しをして、連続してプレーを行う。

コーチの指示で再度サーブからやりなおす。

目的

試合では得点をとるためのサーブが大切なので、そのカットからの攻撃を練習しておく。サーブを打つ前に、前衛と後衛の選手が声をかけ合ってポジションや気持ちの確認をするくせをつける。ポジションの重なりをなくすための練習。アウトボールに対するジャッジもエンドラインまで下がってしっかり行う。

コーチは、スパイク後のフォローまでできているかを確認する。

途中でボールを追うのをあきらめた選手などには、途中でワンマンレシーブなどを入れて、最後まであきらめない気持ちを植えつける。

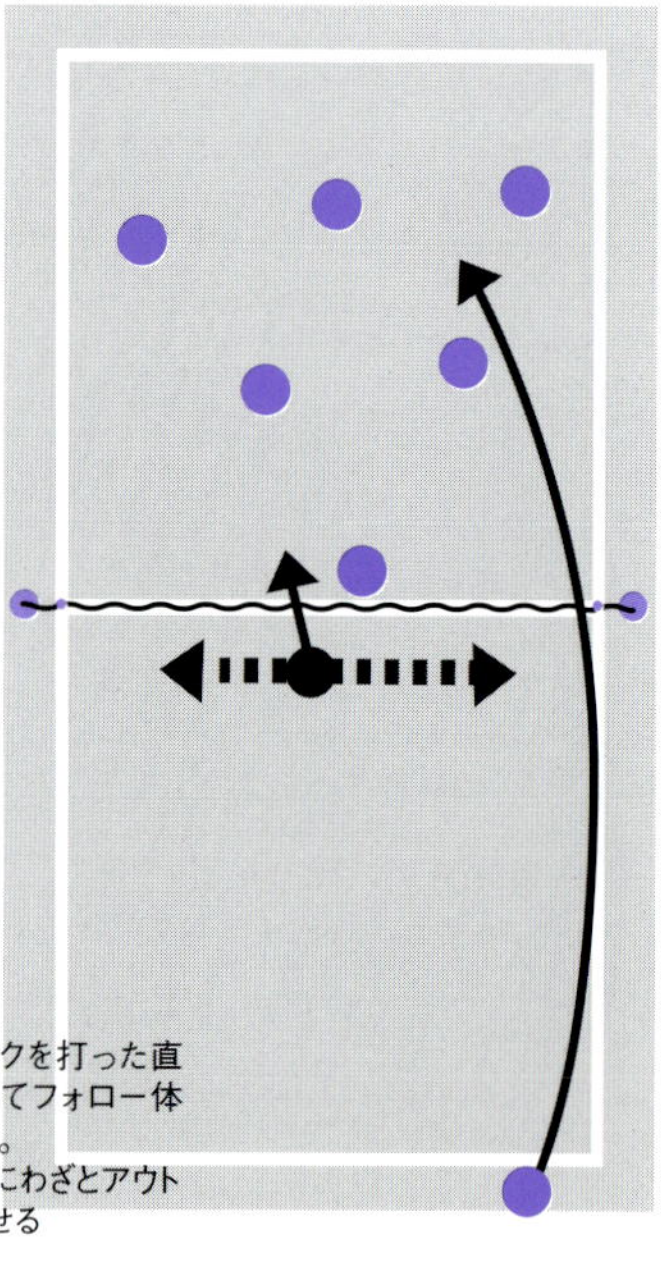

コーチはスパイクを打った直後に球出しをしてフォロー体勢の確認をする。
サーバーはたまにわざとアウトして、ジャッジさせる

●弾いたボールをつなぐ

やり方

ハーフコートに6人入り、コーチ2人が準備する。コーチのひとりは球出し、もうひとりは後衛のどこかのポジションに入る。ポジションに入ったコーチに球出しをし、そのコーチが意図的にボールを弾いたところからコンビネーション練習をする。

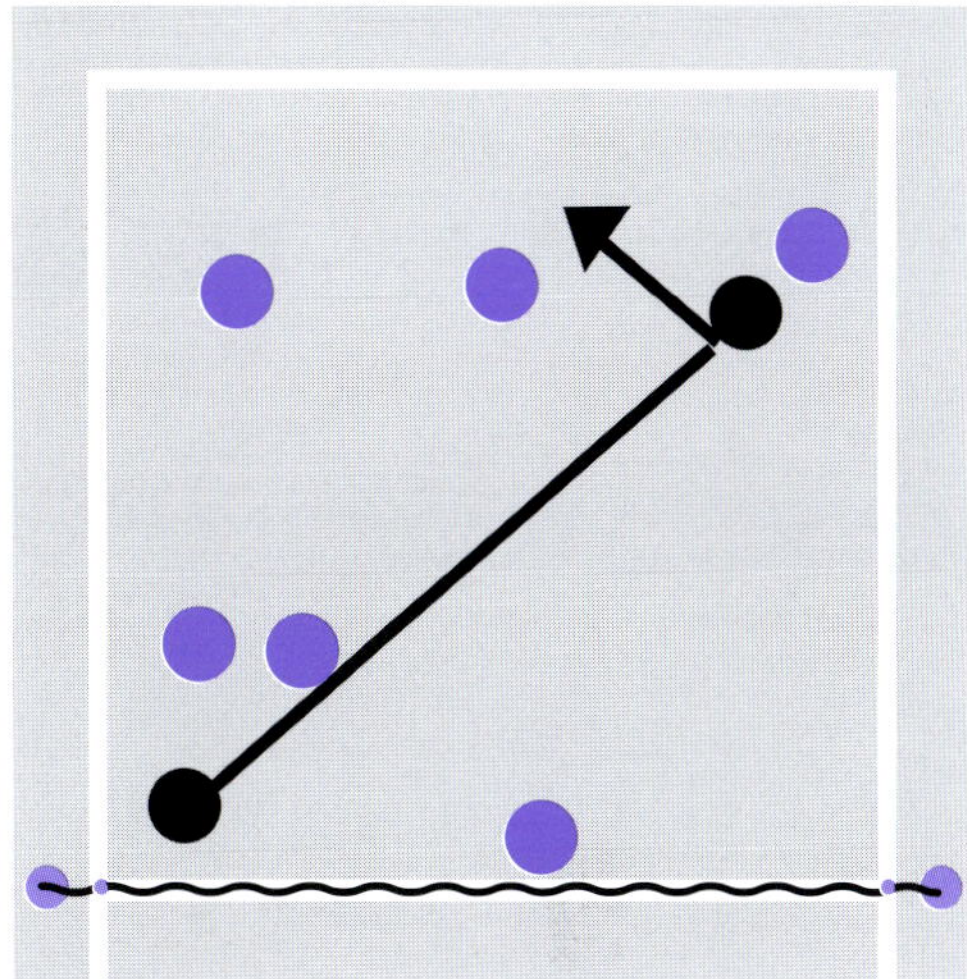

実戦で起こりがちなシチュエーションで、周囲がどうフォローしていくか、ボールにプレーしていない選手がどれだけ集中力をもっていられるかの練習になる

目的

試合中によく起こるより実戦的な練習。集中力が必要とされる。周囲の声でつなぐこと、しっかりとフォローポジションに入ること、ボールをプレーしない選手の指示や、スパイカーの呼びこみが今まで以上に大切になる。

むずかしいボールをつないでいく練習。簡単な予測をさせないためにも、球出しを別の選手にも入れる。

リズムが出てきたら、スパイク後のフォローのボールを入れてみるのもいい。

●チャンスボールからのコンビ

やり方

コーチが相手コートから球出し。6人のコンビネーションで返す。

簡単に予測させないためにも、たまにスパイク直後のフォローを確認するボールも入れたりする。

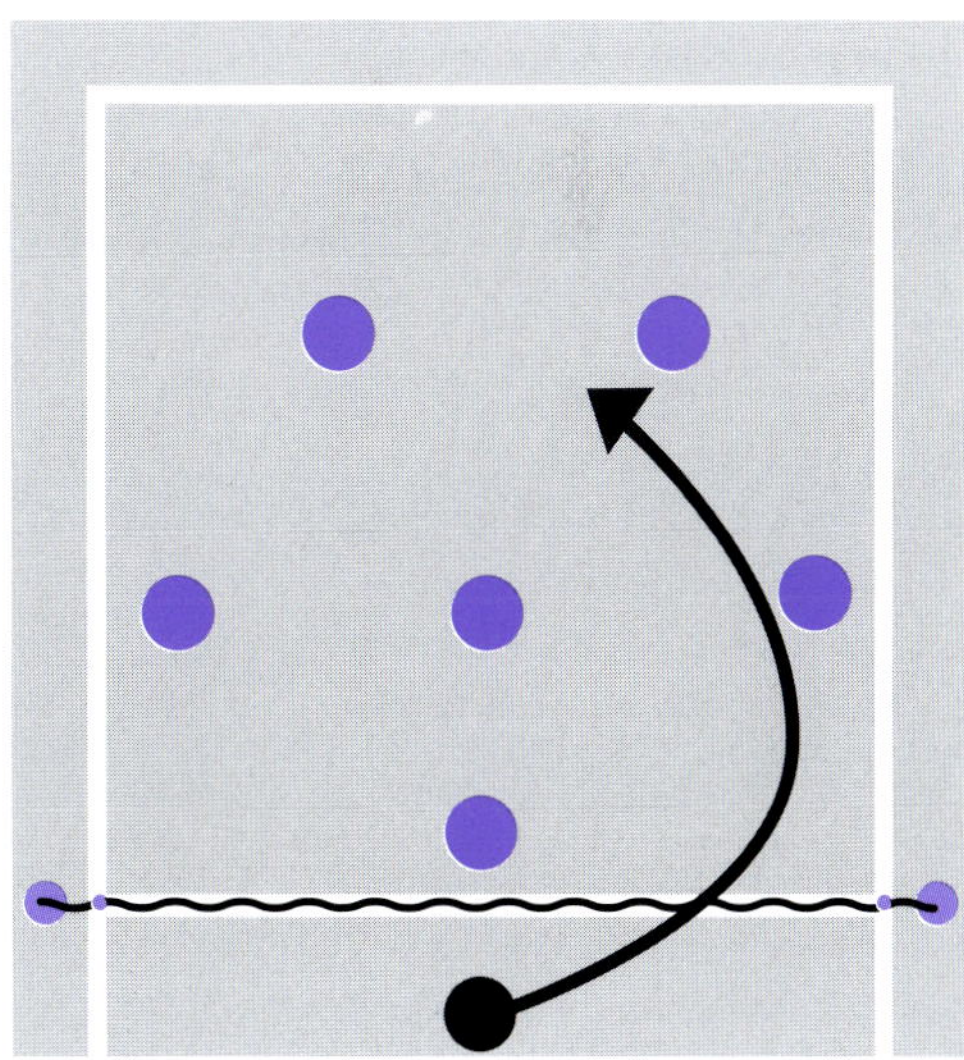

実戦では必ず得点につなげていきたいチャンスボールからの攻撃。基本的なポジショニングなどを確認しておくことが大切

目的

課題としてとり組んでいる攻撃やコンビネーションなどテーマを決めて練習すると効果的。練習では、ベンチメンバーなどと交代しながら、コンビネーションを確認しておくといい。

トスやレシーブが乱れたときの対処やしっかりと声を出すことにも慣れておく。

●3vs3のゲーム練習

やり方

コートの半分（4m）のところにラインを引き、その中に3人ずつ選手が入り、パスとゆるいアタックのみを使ってゲームをする。

目的

相手の空いたスペース、バランスをくずした選手、下手な選手を見て、そこに正確に打つ練習。

乱れたボールでも正確につないでいく練習。

周囲の選手がしっかり声をかけ合って、指示を出すことが大切。

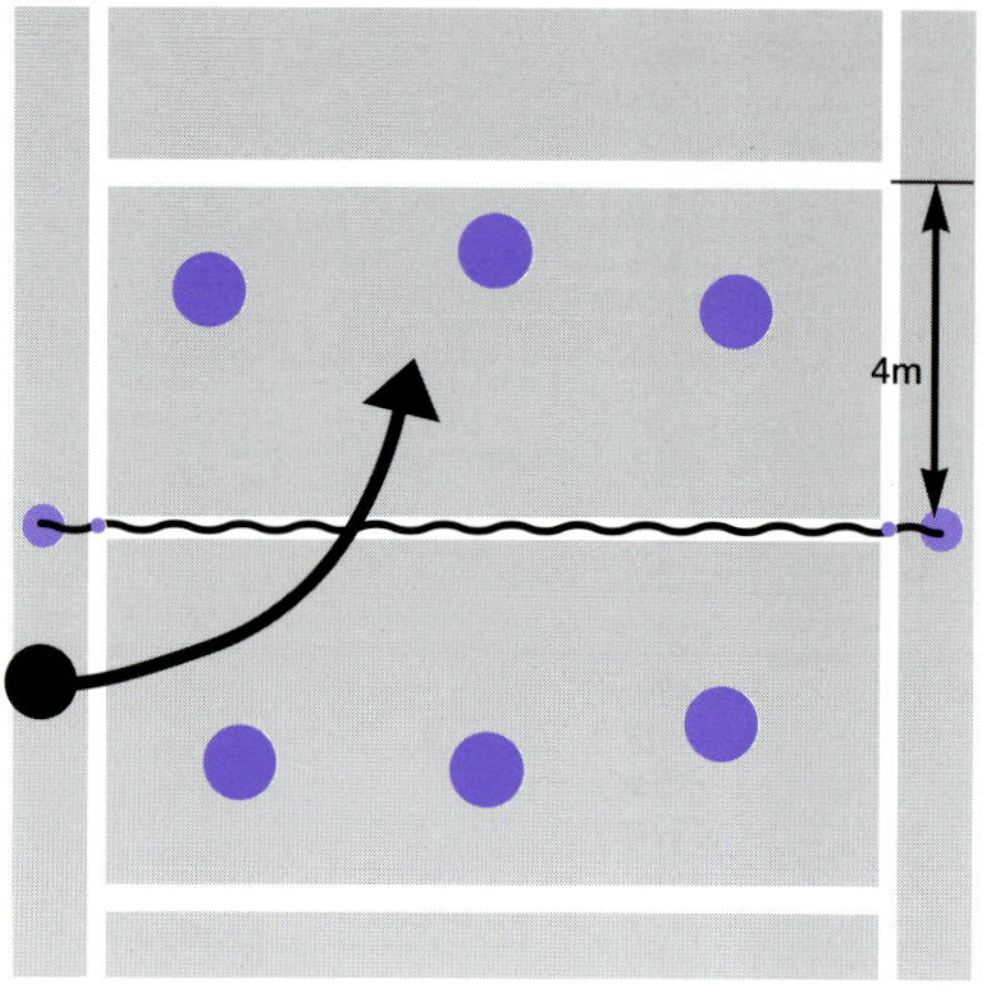

状況に応じて1球で返したり、ツーで返すなど、ボールを見ながら、相手コートを見て相手の動きを予測したプレーをする

●4vs4のゲーム練習

やり方

セッターを各コートにひとりずつ置き、アタックライン後方に3人ずつ選手が入って試合を行う。

セッター以外はアタックラインより前で打たないようにし、ボールをアタックライン後方からスパイク。トスをネットにつけてしまうとただ返すだけとなってしまうので、ネットから離れたところに上げて打ちこもう。

目的

相手の空いたスペース、バランスをくずした選手、下手な選手を見て、そこに正確に打つ練習。

ボールのコントロール能力とネットから離れたボールを打つ練習。

周囲の声出しとフォロー体勢を確認する。

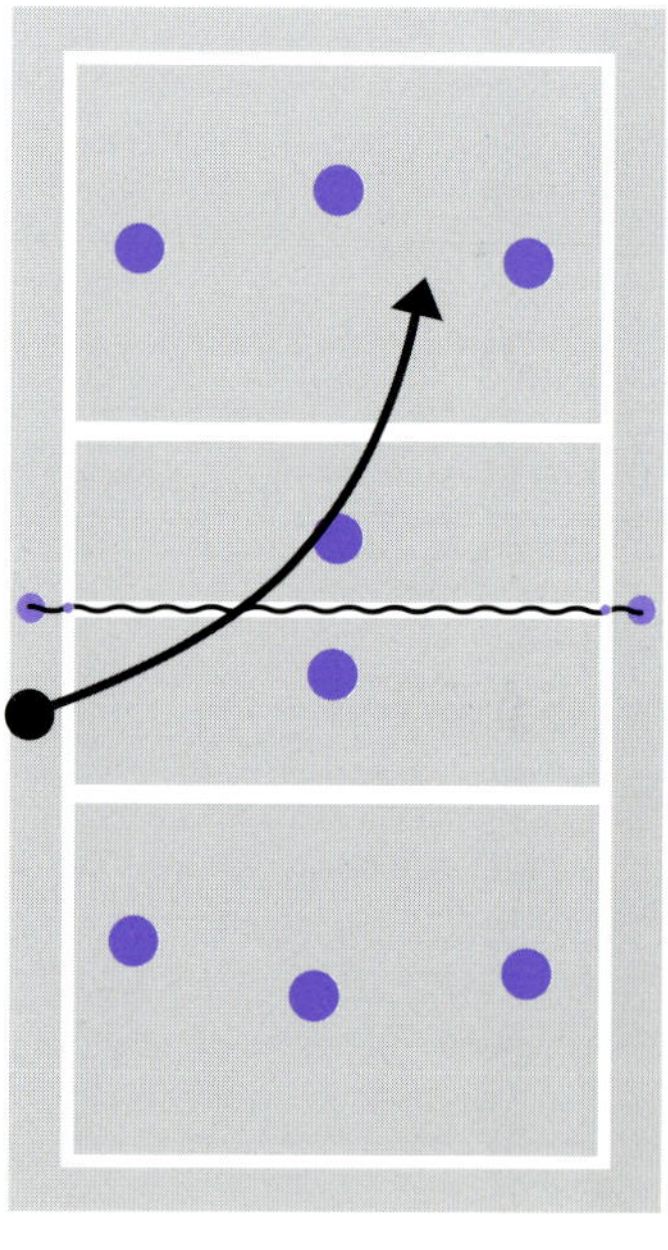

得点をつけずに正確性を重視して練習する。これがつながるようになってくると、強いチームができあがる

●6vs6のゲーム練習

やり方

男子対女子、6年生対5年生など、週に数回紅白試合を行う。

得点は目的に応じてつけてもよいし、つけなくてもよい。セットごとに、または各チームごとに何かテーマをつくってやることが大切。

目的

実戦の中で自分たちで考えながら相手をくずしていくことに慣れる。

子どもたちはゲームが好きなので、試合形式の練習はモチベーションが上がる。

ボールをプレーしていない5人の参加が大切。

バリエーション

●普通のゲーム

●テーマを決めて

目的なしの乱打はあまり意味がないので、何かチームごとに課題をもって試合を行う。

たとえば、サーブではコース打ち、しっかり声を出す、ジャンプトスなど、必要なテーマをいくつかつくっておこう。

●ハンデをつけて

チームに実力差がある場合は、得点差のハンデをつけたところから開始するのも効果的。

ハンデをつけられるとサーブなどでプレッシャーがかかるためメンタル強化にもつながる。

大事な局面でどれだけむずかしい攻撃をくり出せるかの勇気にもつながる。

●15vs15から

後半の1点は前半の2〜3点に値するので、後半の戦い方の練習となる。より集中力が必要とされる。またふだん以上の声出しも大切。

サーブなどでのプレッシャーも大きくなるため、メンタル面の練習にもなる。

大事な局面でも失敗をおそれずにむずかしい攻撃をくり出せるかの勇気にもつながる。

課題をもってゲーム練習にとり組み、必要に応じてコーチがゲームを止めて、指導や説明を行うのもよい。しかし、あまり細かく止めるのでなく、自分たちで考えて工夫させることも大切

低学年の練習

**低学年の練習の目標は、コーディネーション能力の育成と
バレーボールの基本となるパスなどをおぼえること。
そして最大の目標は、バレーボールを楽しみながら好きになることだ。
ここでは全員で行うコーディネーション以外の練習を紹介しよう**

ビーバーズでは、小学校3、4年生を低学年と呼んでいます。そして、低学年の練習のメインとなるのは、前に紹介したコーディネーショントレーニングとなります。しかし、それと同時に多少はバレーボールの技術のさわりもおぼえていかなければなりません。

ビーバーズでは、高学年の子どもが低学年の指導に当たるようにしています。そうすることで高学年は自分の技術に関する知識を確認でき、低学年はマンツーマンに近い理想的な環境で指導を受けられるのです。

そして、最後は必ずゲームをやらせてあげることも大切です。子どもはみんなゲームが大好きです。からだの大きさや技術に合わせて、コートサイズや人数、ネットの高さなどを臨機応変に変えて、試合をやらせてあげましょう。バレーボールの楽しさを感じてくれるはずです。

●ボール遊び

ボールに慣れる。ボールを扱うことに慣れるための練習。ここでは全てが遊び感覚で、「できた」「できない」を楽しませながら、手先やからだの使い方をおぼえさせていくようにしよう。

バリエーション

- ●ボール1個でのドリブル
- ●ボール2個でのドリブル
- ●上に投げて背中でキャッチ
- ●ボール2個をお手玉のように回す
- ●その他

●対人練習

低学年の場合、対人でパスを行うのはなかなかむずかしいので、まずはボールを投げたり転がしたりして、動いているボールに慣れ、それをキャッチするために、動いているボールとの距離感、その距離のつくり方を最初におぼえさせておくといいだろう。
下級生同士のペアでは、ただの遊びになってしまうこともあるので、コーチや上級生とペアを組んでできるのが理想。

ボールに対する感覚

①ボールに合わせて移動

↓ ボールのスピードに合わせ、それに追いつくためにはどのくらいのスピードで、どこに移動すればよいかを考えさせる

②移動してキャッチ

↓ ボールをキャッチできるところに手をもってくるためのコーディネーション能力、ハンドリング能力を高める

③ボールを当てて落とす

↓ パスへの導入として、両手に当てて、すぐ下に落とすことからはじめるといいだろう

④ボールをコントロールする

ボールを手に当てて真上に上げたりして、徐々にパスにつながる動きに移行していく

バリエーション

●キャッチボール

●動いてキャッチ〜パス

●ボール転がし

●サポーターアンダー

上級生などとペアを組んで、ゆるい球出しのボールを両手のひらで当てて落とす練習。最初に両手を準備させておき、オーバーハンドパスの姿勢で手に当てて落とす。高いボール、低いボールを交互に投げて、からだの使い方をおぼえさせる。

●マットで前転してレシーブ

体操用のマットなどをしいて、前転させ、まっすぐに向いたところに球出しをして、レシーブをさせる。ひとつの動作が終わった直後に、ボールを意識させ、すばやく姿勢を立て直して、動き出すことに慣れるための練習。球出しのタイミングがポイントとなる。

●ジャンプキャッチ〜両手プッシュ〜片手プッシュ

その場でボールを上にトスして、ジャンプしてキャッチする。空中にあるボールに合わせてジャンプするタイミングつかむ練習。キャッチできるようになったら、両手でのプッシュ、片手でのプッシュに移行する。スパイクのタイミングをつかむ練習につなげていく。最初はひとりではじめ、慣れてきたら上級生などに投げてもらって、徐々に相手にダイレクトで返すように練習する。

●スパイク練習

●助走の練習

フラフープなどを床に置いたスパイクの助走の練習。

右利きの場合、最初のフラフープに右足を入れたところからスタート。最後の一歩を大きく踏み出し、リズムよくできるようにする。

着地はツマ先からする癖をつけておく。

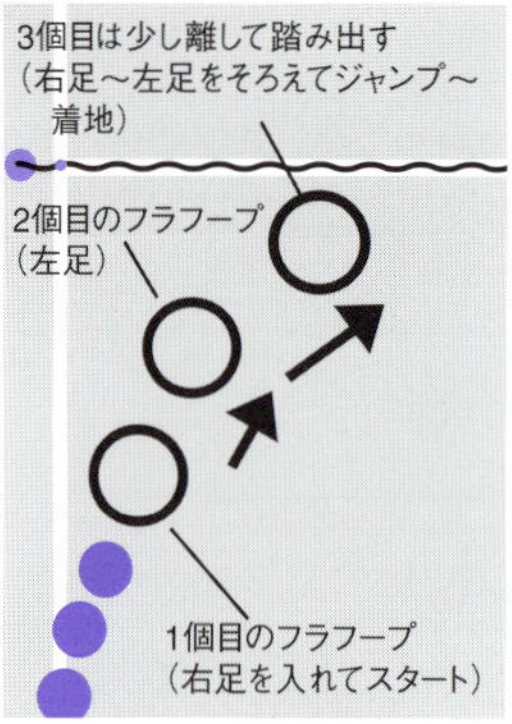
3個目は少し離して踏み出す
（右足～左足をそろえてジャンプ～着地）
2個目のフラフープ
（左足）
1個目のフラフープ
（右足を入れてスタート）

●ネットやカベぎわの練習

上級生と数人の下級生がグループとなり、下級生が順番にひとりずつ行う。ネットやカベぎわで、下級生がジャンプして届くくらいの高さで、上級生がボールを持ち、後ろから助走させて、ボールにタッチさせる。またはボールを打たせる。

スパイクのジャンプをおぼえるための練習。助走のスピードを高さに変えるため、前に飛ばないようにカベやネットの前で上級生がボールを持って行う。

●ハンドタオルキャッチ

ハンドタオルを結んで丸くして、トスを上げ、（右利きの場合は）右腕を振って片手でキャッチする。スパイクでボールをヒットするタイミングをおぼえる練習。トスは真上に正確に、左手を高く上げて行うように心がけよう。

●サーブの練習

●トスの練習

床に目印を決め、その真上からトスを上げ、床の目印にボールを落とす練習。

トスを上げるときにボールを持った左手が床と平行になっていることがポイント。

●カベスイング当て

カベに向かって立ち、カベをボールとみなして、腕をスイングする。

手のひらをまっすぐにカベに当て、ボールを正確にヒットするための練習。ボールをヒットする位置（ミートポイント）をおぼえる練習にもなる。

●3m～5m～8m

最初から遠くに飛ばそうとすると、力んで正しいフォームで打てなくなる。そこで力まずネットをまっすぐに越す感覚をつかむために3mからはじめ、徐々に距離を伸ばし、最後は8mのエンドラインから打てるようにする。同じフォームで徐々に距離を伸ばしていこう。とくに非力な小さい子どもは、ネットを越えると楽しいもの。最初は短い距離で自信を植えつけることが大切。

●ゲーム

やり方

バドミントンのネットとコートなどを使って、上級生と一緒に風船でゲームをする。

慣れてきたら、ソフトバレーボール用のボールなどを使って、下級生のみで試合をやる。チームの人数などは、子どもの能力に応じて臨機応変に設定する。

目的

風船ならなかなか床に落ちないので、上級生と下級生が一緒に試合を楽しめる。

その中で、ボールをつなぐ楽しさ、チームプレーの楽しさ、上級生と一緒にプレーできるうれしさなどを感じさせ、バレーボールを好きにさせると同時に動きをおぼえさせる。

ソフトバレーでは、下級生同士で試合を行い、試合のおもしろさ、勝つ楽しみ、チームワークなどを自然に学ばせる。

使用ボール

ソフトバレーボールを使用する。

写真左は口で空気を入れてふくらませるタイプ、写真右はやわらかいゴム製のタイプ。

COLUMN 7 おぼえておきたいバレーボール用語④

●ラリーポイント制
サーブ権に関係なく得点が入り、3セットマッチで、2セット先取したチームが勝ちとなる。

⇄サイドアウト制

●リバウンド
相手ブロックやネットにボールが当たって跳ね返ってくること。

●リードブロック
相手の攻撃に対するブロックシステムのひとつ。速攻に対して、ヤマを張るのではなく、相手の動きを見ながらタイミングを計ってブロックに飛ぶ。

⇄コミットブロック

●リベロ
守備専門のプレーヤー。小学生バレーボールではローテーションがないためこの制度は存在しない。

●レシーブ
相手コートからきたボールをひろうこと。アンダーハンドレシーブとオーバーハンドレシーブがある。

●レフト
コートの左側のプレーヤーやその位置のこと。

●ローテーション
小学生バレーボールにはこの制度は存在しない。サーブ権移動時にサーバーのみ順番に行う。

■ワ行■

●ワンタッチ
相手からの返球に対して、味方のプレーヤーがブロックで1回触ること。ワンタッチ後に自分のコートにボールが入っても、カウントされずにあと3回タッチできる。

●平行
低いトスによるレフト、ライトからの攻撃。

⇄オープン攻撃

●ペネトレーションフォールト
センターラインを踏み越えてプレーするパッシング・ザ・センターラインと、相手陣内にあるボールをネット越しに触れるオーバーネットがあり、どちらも反則。

●ボールアウトオブプレー(アウトオブプレー)
ボールインプレー中を除く時間のこと。サーブを打つまでの間や審判が笛を吹いたあとなどを指す。
→ボールインプレー

●ボールインプレー(インプレー)
サーブを打ってからひとつのプレーが終了するまでのこと。ひとつプレーが終わればどちらかのチームに得点が入る。
→ボールアウトオブプレー

●ポジショナルフォールト→アウトオブポジション

■マ行■

●マッチポイント
あと1点とればどちらかのチームが勝つ状況のこと。

●ミスコンダクト(テクニカルファール)
直接プレーに関係しない反則。プレーヤーが審判から2度にわたって警告を受けた場合、監督などが定められた回数以上に選手交代やタイムアウトをとった場合、タイムアウトの制限時間を超えたりした場合などがある。相手チームに1点とサーブ権が与えられる。

■ラ行■

●ライト
コートの右側のプレーヤーやまたその位置のこと。

●ラインジャッジ(ラインズマン/線審)
ライン際に落ちたボールの「アウト」「イン」を判断するための審判のこと。

●ラインナップシート
各セット前に提出される先発メンバーが記載されたシート。

●ラリー
サーブからいずれかのチームが1点を獲得するまでの流れのこと。

Chapter8

指導者に向けて

For Coaches

指導者の熱さは子どもに伝わる まずは指導方針を徹底する

指導者間、チーム全体で約束事を守るのが大切

ここではビーバーズの指導者がいつも心がけている10ヶ条を紹介していきます。このように信念を文字にして、指導者全員で方向性を徹底しておくことは、非常に大切なことです。

たとえば、子どもからしてみれば、コーチと監督が全く異なることを言っていると、迷いが生じ、誰の言うことを信じればいいのか分からなくなります。そんな疑問から信頼を失うこともあるのです。指導者間だけでなく、チーム全体でも目標を明確にし、決まりをつくっておくことが大切です。

ビーバーズ訓

- 心から気持ちよくあいさつできる人間
- 心から人と語り合える人間
- 心から素直に人の話を聞ける人間
- 心から相手の立場を理解できる人間
- 心から全てのものに感謝できる人間

ビーバーズ指導要綱10ヶ条

1 情熱に勝る指導法なし。「これしかない」もない

子どもの成長段階（精神・体力・技術）に合わせた柔軟な指導が大切。つねに子どもたちのことを考え、飽きない指導で、選手や父母の信頼を得る。

2 子どもに夢をもたせる「夢と勇気」がモットー

その学年の能力、キャリア、タイプ（攻撃型か守備型か）を考え、適切な目標を設定。目標が明確でないと惰性になる。達成したら選手をほめ、できない場合は指導者の責任となる。

3 子どもが小学生であることを忘れずに指導する

子どもの将来を考え、無理をさせない。ケガをさせない、体調をくずさない、心の病を出さないことで、チームもレベルアップできる。指導者は子どもだけでなく、父兄の理解や信頼を得ることも大切。そのためにはいい練習をし、練習を見に来てもらう。父母会などを開くのもいい。

4 思いやり、感謝、チャレンジ、我慢の心を育てる

うまい選手を育てるより、仲間の心の痛みがわかる子どもを育てる。バレーボールは心でボールをつなぐスポーツ。レギュラー、控え選手に関係なく、同じ練習をして、同じように球ひろいもさせる。うまい下手の技術でなく、思いやりの欠如や考えのない行動をしたときに叱る。

5 あいさつや返事は心からはっきり大きな声で

自分の考えていること、思っていることをしっかり言えるようにする。指導者でも子どもでもこれが基本。

6 長所を伸ばすことが最優先。自信をもたせ、やる気にさせる

自信をつけた子どもは大きく成長する。自信をつけるためには長所を伸ばすのが早道。叱るときも長所をほめてから叱る。意図があってのプレーのミスは叱らない。子どもは、ときに指導者の想像以上のプレーをするもの。指導者の想像の範中で考えない。

7 最後まであきらめない姿勢、仲間を思う思いやりのバレー

バレーボールは狭いコートの中で、6人がお互いに助け合い、はげまし合い、いかに心をひとつにするか、いかにひとつのボールに集中するかが重要。

とくにボールをプレーしていない選手が、声（心）でいかにプレーに参加し、しっかりフォローポジションをとっているかが、チームプレーを形成する。

ミスが出たときはボールを扱った選手でなく、周囲の選手も自分に原因はなかったかどうか、そんな確認ができるようなチームづくりが大切。

練習中などでも、ミスした選手だけを叱るのでなく、声を出していない周囲の選手や、フォロー体勢がとれていない選手を叱るようにしよう。

そのためには、ボールにばかり気をとられずに、指導者は広い視野で練習を見なければならない。

8 子どもと一緒に心から喜び、悔しがる

練習のときでも、指導者が子どもと一緒に喜んだり、悔しがったりすることが大切。いいプレーが出たらほめ、惜しいプレーは悔しがり、怠慢なプレーは叱る。そんな感情を共有することが、信頼につながるのだ。

ポーズではなく、心からこういったことをしていくことで、その情熱は子どもたちにも伝わり、プレーにもリズムができてくる。

しかし、相手は小学生。叱るときには、叱り方を考え、必ずフォローするようにしよう。

9 自分の指導に疑問をもち、つねに工夫する

つねにこれでいいのか？　他にもっといい方法はないのか？　決して現状に満足せずに疑問を持ってとり組んでいれば、自然といいアイデアが浮かんできます。ビーバーズでは、中学、高校、Vリーグのチームの練習にも目を向け、つねに子どもが飽きない練習をするよう心がけている。

10 指導にあせりや、無理、無駄、ムラのないように

指導者に心のゆとりがなくなれば、自然と子どもの気持ちは離れていく。「勝とう」とあせる気持ちが、心の余裕をなくし、無理をさせ、その結果、子どもの自信をうばっていく。また、レギュラーの指導だけに頭がいくと、それ以外で遊んでいる選手ができ、練習にもムラができてしまう。

年齢や経験に合わせて適切に対応していくことが大切

指導に完璧はないつねに試行錯誤していく

指導に完璧というものはありません。ただひとつ言えるのは、小学生の指導においては、つねに子どもの将来を考えた指導をしていかなければいけないということです。

同じ小学生でも、高学年と低学年では接し方や求めるものは変わってきます。共通して言えるのは、指導者は情熱を持って接しなければ、子どもに何も伝わらないということです。そして、その子どもの性格、年齢、時代（環境）に合った指導を自分で工夫しながらやっていくように心がけましょう。

●初心者・低学年

初心者や低学年の子どもの指導には注意が必要。まずその子が何年生か、どのような性格か、どんな能力をもっているか、そしてどんな理由や環境で入部してきたのかを理解した上で接していかなければならない。

ここで大切なのは、まず最初にバレーボールをすることを楽しく思わせることが大切。どんなに素質をもっていても、バレーボールの魅力がわからなくては長続きはむずかしい。たとえ続いたところで、漠然とプレーするだけで、その素質は活きてこないだろう。

必要に応じて子どもを叱ることも大切だが、あせるのは禁物。子どもがしっかり理解しているかを質問し、自分の口で答えさせることで、積極的な姿勢を引き出し、それでもできなかったときに叱るようにする。叱り方のうまさもいい指導者になるの必須条件となる。

初心者の特徴

- 素直でまっすぐな性格
- 好奇心が旺盛で何にでも興味がある
- スパイクなどかっこいいプレーにとくに興味がある
- 試合をやりたがる
- 単調なことや慣れてくるとすぐに飽きてしまう
- 体力がない
- 自分の興味本位になりがちで協調性に欠ける

対応方法

●説明方法

つねに具体的に説明しなければならない。「きっとわかっているだろう」は通じない。どんな簡単なことでも質問して、子どもに答えさせて本当に理解しているかを確認する。
子どもを納得させるためにはある程度の話術も必要とされる。練習を重ねれば、確実に上達ができ、さらに「もっとうまくなりたい」と思わせるように、暗示にかける。

●ほめ方

何かができたときには、その場ですぐにほめてあげる

●叱り方

「何でこれはいいのに、できないんだ」など、長所をほめてから叱る。積極的なミスや考えた上でのミスは許す。叱った刺激を心に響かせるため、叱るときはそれが起こってから15秒以内。

●気をつけたいポイント

低学年の指導であせるのは禁物。いろいろなことに興味は示すものの、すぐに飽きてしまう。バレーボールの魅力をまだわかっていないので、無理にたくさんのことをつめこもうとしたり、多くを望んでしまうと、たちまちバレーボールが嫌いになってしまう。遊びの試合などもさせて、ボールをつなげる楽しみを感じさせ、バレーボールを好きにさせていこう。

- あせらず子どもに合ったルールに変える
- ラリーに参加する喜びを感じさせる
- 2、3年生くらいまではソフトバレーを使う
- まず長所を伸ばすことで自信をつけさせてから、短所を克服していく

●高学年

ある程度バレーボールを理解し、技術も身につけた上級生になると、要求するものも変わってくる。技術も大切だが、バレーボールはチームスポーツ。小学生の間に、その根底にある「相手のことを思いやる心」をつくることが大切。

どんなにうまくても、相手の立場でものごとを考えられなければ、チームプレーの中ではただの自分本位な選手になってしまう。バレーボールを通じて、どこにでも通用する人間性を育てていくのが先決。

技術に関しては、どんなに優れていても、まだ小学生。からだは未熟なので、多くのことを求めて無理をさせないこと。強いチームをつくりたいからといって、子どもの将来の芽をつんでしまうのは、指導者のエゴ以外の何物でもない。

ポイント

- 他人を思いやる心を身につける
- 積極性、行動力を身につけ、強気なプレーをさせる
- いろいろなことにチャレンジする心を持たせる
- あきらめない気持ちと我慢することをおぼえる
- 感謝する心を育てる

※これらの全てのことが技術にも通じる

指導者に必要とされるのは「情熱」、「技術」そして「信頼」

チームの雰囲気は指導者を映し出す

いいチーム、強いチームをつくるには、いい指導者が必要となります。それではいい指導者とは、どんな指導者でしょうか？

大前提として、子どもへの指導に対する情熱が必要です。子どもは素直です。情熱を感じない指導者の下で、熱いプレーができる選手は育ちません。

そして、その情熱から信頼関係が生まれてくるのです。まずはバレーボールの知識や指導者としての技術が必要となります。そして子どもひとり一人とのコミュニケーション、バレーボールを通じて子どもを成長させることを父母に理解してもらうことも大切な要素となります。

これらが全てクリアできてはじめて、いい指導者と言えます。そして、強いチームづくりもできるようになるのです。

コーチに必要とされるもの

情熱

指導者やコーチが情熱にあふれていなければ、活気あるチームづくりはできない。子どもはつねに指導者を見ているはず。

選手に声を出させるなら、自分も大きな声ではっきりと話さなければ説得力は生まれない。

また、練習方法にしても同じ。毎日同じことをくり返していては子どもも飽きてしまう。自分なりにいろいろと工夫して、つねに新しいものをとり入れ、さらに改良する積極的な姿勢が必要。

子どもひとり一人にも目を配り、能力だけでなく、性格や環境まで把握してはじめて指導ができる。

技術

コーチに必要とされる能力

- 知識と技術
- 徹底した姿勢 →P.156
- ほめ方と叱り方 →P.159
- フィジカル&メンタルケア →P.162
- ベンチワーク →P.164
- 目標設定 →P.166

技術に関する知識とコーチに必要な技術がなければ信頼関係は生まれない

まず最初にコーチは、技術に関する知識がなければならない。子どもに質問されたときに、それを説明する方法をひとつしかもち合わせていなければ、その子どもが説明を聞いて理解できないときに、そこで終わってしまう。日ごろから勉強しておくことが大切。

さらに、コーチならではの技術も必要となる。とくに「球出し」は大切。球出しが下手なコーチの下で練習しても、子どもは成長しない。誰もに同じ球を出すのでなく、子どもの能力や状況に応じて、思ったところにボールを打ち分けられる能力が必要だ。

①強打②手でこする③上投げ④下投げを使い分けて、練習に合ったボールを供給しよう。

また子どもができたときにはハイタッチなどをしてスキンシップをとることも大切だ。

技術に乏しいコーチ、人間性に乏しいコーチは信用を得られない。チームの前にまずは自分を見つめ直してみよう。

信頼

信頼を得るコーチになるためには、子どもへの指導だけでなく、父母とのコミュニケーションも大切。

自分の考えや信念を父母に「表現」し、いかにチームや選手のことを考えているかを、世間話などを交えて素直に話す。そして、選手のために日常の接し方などを父母にアドバイスすることが重要だ。

それらの理解のもとに、バレーボールのことは完全に任せてもらうようにしたい。それには、子どもに夢をもたせ、つねに勉強を怠らず、「俺についてこい、そうすれば大丈夫」と思わせる風格をもつこと。その信頼関係の上で、バレーボールに関しては親に口を出させないようにする。

また、ときには一歩引いた姿勢も必要だ。指導者は子どもの夢を達成させるためのお手伝いという、謙虚な気持ちを忘れずに、選手の長所は認めることが自信につながり、子どもは成長する。

さらに強いチームづくりへ

つねに子どもを飽きさせずにモチベーションを高く保つ工夫をする

やる気と集中力が練習の質を変え子どもを成長させる

同じ練習をやっていても、活気のあるチームとそうでないチームでは、子どもの成長が大きく異なります。

その活気とは、集中力であり、「うまくなりたい」という気持ちの現れです。

とはいえ、子どもは飽きやすいのも事実です。放っておけば15〜20分しか集中力は続かないことでしょう。

そこで問われるのが、指導者の技量です。いかに楽しませ、練習に集中させるかは指導者の手腕にかかっているのです。

練習に飽きさせない

効率的な練習をするのに必要なことは子どもを飽きさせないこと。そのためには、同じ練習を長くやっていたり、いつもワンパターンの練習をしていてはダメ。指導者が工夫していかなければならない。ゲーム性をもたせた練習や子どもの好きな試合などをまぜて、つねに新しいものをとり入れていくことも大切。できたときにほめ、長所を伸ばしてやることも必要だ。

そして、子どもを指導するに当たって、大前提としなければいけないのは、子どもの将来。小学生の頃に体格に恵まれていなくても、中学に入って大きく成長する子どもも少なくない。そこで将来の芽を摘んでしまわないことが大切。

バレーボールでは、スパイクを打ってチームを勝利に導くエーススパイカーが見た目も派手で、子どもにも人気がある。実際、レシーブよりもスパイクの練習の方が好きな子があきらかに多い。

そこでポジションを固定してしまったらどうだろう。後衛の子どもはつらいレシーブ練習ばかりすることになってしまう。やる気を一気に失い、バレーボールがおもしろくなくなってしまう危険もある。

それだけでなく、中学になって、身長が伸びたときに、スパイクがうまく打てなければ、周囲と大きな差がついてしまう。

全員が全てのプレーをできることを目指して練習することで、将来の可能性を残したまま、楽しい練習ができるようになるのだ。

全員に緊張感を与える

楽しませながら練習をしているうちに、自然と体力がつき、運動神経もできてくる。そうすれば、それまでできなかったことができるようになり、つらかった練習も以前ほどつらく感じなくなるはず。さらに基本的な技術も身につき、バレーボールがさらに楽しく感じるはず。

こうなってきたら、しめたもの。あとは長所を伸ばすことからはじめ、徐々に短所を克服させていけばいい。大人であってもミスばかりしていたり、怒られてばかりでは、やる気がなくなってしまう。子どもの場合、それはさらに大きく影響するだろう。

しっかり子どもを見つめ、どんなに小さなことでも、それまでできなかったことができたらほめてあげることが大切。

そして、何かができなくて叱る必要がある場合にも、かならず長所をもち出してほめてから叱るようにする。頭ごなしに叱っては、反発心が芽ばえるだけで何の意味もない。

また叱る内容も考えなければならない。単に技術が未熟なのを叱るのは逆効果。それが怠慢なプレーであったり、自己中心的なプレー、集中力を欠いたプレーであったときに、きびしく叱るようにする。

そのプレーが他の真剣にやっている選手に、どれだけ迷惑をかけるのかをしっかり説いてあげよう。そこから責任感が生まれ、仲間を思いやる気持ちが芽ばえるはずだ。ボールをもっていない選手の役割をきっちり教えることで、緊張感も高まるはずだ。

チャレンジする積極性

子どもは好奇心が旺盛。技術の向上にともなって「うまくなりたい」と思いはじめたら、どんどん新しいものに挑戦させてみよう。ここでも、できるようになったら、必ずほめることを忘れないようにしよう。たまにトップの試合観戦などをすることも刺激になっていいだろう。

どんなに体格がよくても、どんなにうまくなっても、相手が小学生ということを忘れてはならない。これを間違えて大人と同様に扱ってしまうと、その子どもは一気にやる気を失ってしまうだろう。

そして、何か狙いをもって犯したミスに関しては叱らないことが大切。チャレンジ精神を失わせないようにしよう。子どもはいろいろなことを考えている。ときに子どもは、指導者が思いもつかないようなことを考え、やってのける。そんなすばらしい可能性を奪わないことが大切だ。全てをコントロールしようとすれば、指導者の想像の枠を決して越えられないチームになってしまうことは間違いない。

ここまできたら、つらい練習や苦手なプレーの練習に耐える精神力もつけていきたいところだ。そのための環境として、活気のある練習は欠かせない。ワンマンレシーブなどの、ひとりを対象としたつらい練習でも、周囲の励ましの声や、指導者からの激励、ナイスプレーの言葉があれば、がんばれるはずだ。普段から練習の環境づくりを大事にしておこう。子どもの積極性を引き出せるに違いない。

試合を楽しませ能力を引き出すためのベンチワーク

指導者の裁量はベンチワークでわかる

日ごろのきびしい練習は、大きな大会などに勝つためのものです。つまり大会こそが本番なのです。「練習で全てやってきたから、あとは選手に自由に…」というには小学生は幼すぎます。そこで必要なのがベンチワークなのです。

まずは選手たちを緊張させないために、「試合を楽しむ」ように伝え、リラックスさせてあげましょう。そして、試合当日の相手チームを分析し、歯車が合わなくなってきたときに、適切な指示を送ってあげるのが指導者の役割です。

1 練習の80%の力を発揮させる

よく「実力を出し切れずに試合に負けた」という言葉を耳にするが、その原因のほとんどが「心の力み」からくるもの。

「勝たなければいけない」、「ミスしてはいけない」と思えば思うほど平常心を保てなくなり、ミスをするのが人間。これは小学生に限らず大人も同じこと。

練習でしてきたこと以上のことは試合ではできないもの。まずは練習の80%くらいのことができれば、と気楽に考えさせることが大切。たとえばサーブのように一気に注目を浴びる場面ではミスを起こしやすい。たとえ練習でネットすれすれの高さを狙って打っていたとしても、試合で選手を送り出すときには「ネットの1mくらい上を狙え」と指示を出すようにしよう。「エースをとろう」などという力みがなくなり、きっとリラックスして打てるはずだ。

からだの力みや緊張は「心の力み」からくる。心をほぐしてあげれば、実力通りのプレーができるはずだ。

①平常心で普段着のバレーをさせる。いつもの体育館で練習している気持ちに戻らせる
②勝とう勝とうは負けのもと。「ボールは1個、集中させる」
③がんばりすぎ、力みすぎのときは、冷静さをとり戻させる
④ミスをおそれて消極的にならないように。考えたプレーや積極的なプレーでのミスは許す。強気で大胆なプレーをさせる。
⑤子どもに自信とゆとりを与えるために、心の負担を楽にしてあげる。100%の力を要求しない。完璧を求めずに捨てることも必要

---

2 相手に力を発揮させない

そのためには相手チームのスカウティングが必要。過去のデータはあくまでも参考とし、試合当日の他のチームとの試合や直前の公式練習でチェックしておく。それを踏まえて戦術を立て、試合で試していく。

もし、それがうまくいかない場合は、試合中にもう一度チェックし、リズムの異なる攻撃をして修正していく。指導者は最後まであきらめずに、つぎのステップにつなげるためにも試合中はアドバイスをし続けることが大切。

スカウティングの方法

①フォーメーションの確認

- スパイクレシーブのフォーメーション
- サーブレシーブのフォーメーション
- 基本の位置（セッターのツーフェイント、パス、アタック）

※これをもとに2〜3個の各フォーメーションを考える

②サーブの質、確率、コース

③エースの高さ、パワー、コース、攻撃パターン（チャンス、サーブカット、攻めの返し）

④つなぎの正確性、2段トスの正確性や安定性

⑤ブロックの高さと型（確率）

⑥レシーブの強み、弱み

相手のどこをくずすか

①サーブでくずす

- 前後・強弱→立ち位置（前後左右）
- 狙い（エースクイッカー、弱い選手）

②スパイク

- フェイント、ハーフスピード
- コース打ち、ブロックアウト
- 二段攻撃、ツーアタック
- いろいろなリズムで攻撃をしかける

③パス（ツーパス）、フェイント

④ブロック

- 相手エースにいちばんいいブロックを

スカウティングの例

相手の守備フォーメーションによる狙いどころ

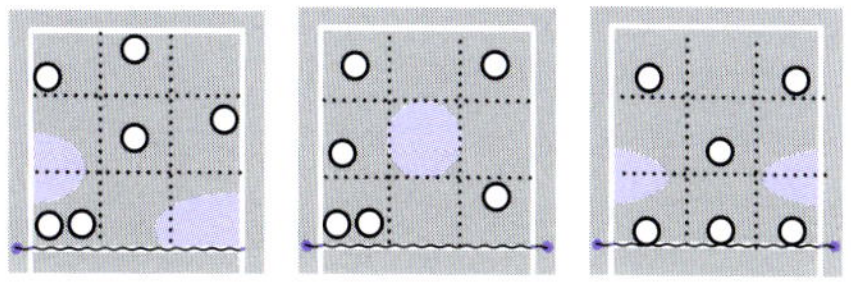

まずは年間スケジュール、そして練習メニューを組み立てる

年間スケジュール

月	時期	強化	内容
12月	①準備・鍛練期		●目標の確認と徹底 ●ゲームを行い、適正を見る ●バレー用語、ルールを教える ●重点強化種目を2、3週間ごとに変える ●トレーニングは、コーディネーショントレーニング、ダッシュ、フットワークを中心に週2、3日。年間を通して行う
1月			
2月			
3月	②試合期（新人戦）		●全国大会への通過点と考える ●負けるくやしさを知らしめる
4月	③鍛練期	スパイク、レシーブ強化	●適正（ポジション）を再チェック ●ポイントをしぼって強化する ●合宿では日ごろできない個人ミーティングをして、コミュニケーションを深める
5月		スパイク、レシーブ強化／サーブ、サーブカット強化	
6月	④完成期 東京都大会	サーブ、サーブカット強化	
7月	⑤試合期		●健康管理（栄養、睡眠）が大切 ●家族の協力を得る
8月	全国大会		
9月	⑥鍛練期		●体力強化、基本技術の見直しと強化
10月	⑦完成期 東京都大会		●夏よりレベルアップしたバレーができるようになる
11月	⑧試合期 関東大会		

つねに目標とする大会を基準にスケジュールを立てる

年間スケジュールの基本となるのは、目標とする大会の時期となります。

まず世代交代とともに新チームをつくっていく準備期、そして基本技術の修得や強化を行う鍛錬期、鍛錬期で練習してきたことを仕上げていく完成期、そして試合期と、その目的に合わせて大きく4つに分けられます。

ビーバーズは、8月の全国大会と11月の関東大会の優勝を目指しているため、スケジュールも年間2サイクルとなります。

●年間スケジュールの考え方

東金町ビーバーズのある東京都のおもな大会スケジュールは、3月に教育大会、7月上旬にサントリーカップ都大会、都で2位以内に入れば、8月中旬にサントリーカップ全国大会となる。

そして、11月上旬に東京新聞杯(都大会)。そこで2位以内に入れば、11月下旬に関東大会となる。

子どもに目標をもたせ、練習のための練習にしないためにも、これらの大きな大会を目標に、日ごろの練習にとり組んでいるため、年間の練習スケジュールもこれらの大会に合わせて設定している。

ビーバーズでは、毎年6年生が主体となったチームづくりをしているため、関東大会が終わった11月末から5年生を中心とした新しいチームづくりに入っている。これを参考に年間スケジュールを立ててみよう。

① 新チーム結成直後の準備期・鍛錬期

この時期のメインテーマは体力づくりと基本技術の徹底。基本が60%程度できたら、子どもの好きな試合をどんどんやらせよう。その中で適正を判断し、自分の足りない部分を子どもに自覚させていく

② 3月の新人戦は全国への通過点、結果を求めない

激戦区では4年生の頃からチームづくりをはじめているため、試合にならないことも多々あるが、ここは夏の全国大会への通過点と割り切って、結果は求めない。あせって無理をさせないことが大切。

ここで課題を見つけ、それを修正していくことに徹することが大切。

また、その指導方針を父母にも説明し、理解してもらっておくことを忘れてはいけない

③ 新人戦の課題をもとにした本格的な鍛錬期

ビーバーズは毎年3月下旬に4日間の合宿を行っている。ここで全国大会に向けての心づくりと基本技術の強化を行う。公共の施設などを使うことで経済的な負担も軽減できるはずだ。

ここでは、あれもこれも欲張るのではなく、サーブならサーブ、レシーブならレシーブと、テーマを徹底する。子どもの集中力の限度はせいぜい15～20分、テーマ練習の合間に子どもの好きなスパイク練習などをはさんで行うといいだろう。

また合宿で朝から晩まで生活を共にするチャンスに、個人ミーティングをすると効果的。子どもの考えていることを聞き、お互いを理解し、心を通わせることで信頼関係もさらに強くなる。

ひとり一人と話して性格などをつかんだ上で、適正を再確認し、必要に応じてポジションなどの調整をしていこう

④ これまでの3ヵ月の指導を形にする完成期

基本技術の徹底とチーム練習をくり返し行い、フォーメーションを徹底する。ビーバーズではレシーブとサーブレシーブのフォーメーションを2パターンはできるようにしている。

レシーブは、フェイントが少ない相手に対する2-1-3で強打に備え、フェイントが多い相手には2-2-2で対応する。サーブレシーブでは、前2人、後ろ3人を基本に指導。小学生の場合、エンドラインを目がけてサーブをすることが多いので、後ろを3人にした方がインアウトのジャッジが確実になるからだ。そして、前後にサーブでゆさぶるチームに備えて前3人、後ろ2人もやっておく

⑤ 試合を重ねるにつれて、めざましく成長する試合期

試合で上に勝ち進むにつれて自信がつき、夢の実現に近づくにつれて、子どもはこの1ヵ月で信じられないくらい成長する。

ここで指導者が注意したいのは、健康管理とケガをさせないこと

⑥⑦ 新たな目標に向けて再スタートする

全国大会を終えると、目標がなくなり、子どもも指導者も気持ちが入らなくなりがち。せっかく築いてきたものを壊すのは簡単だが、ここで気を抜かずに新たな目標を設定することが大切。つねに目標を与え「やればできる」と励まし続けることが大切。

練習は結合・複合練習、チーム練習を主体に完成期を迎える。子ども自身で相手コートを見ながらプレーできるようにしておこう。
●負けた時点で世代交代。6年生は下級生の面倒を見る。息抜きに試合観戦やレクリエーションを行うのもいいだろう

年間スケジュールに合わせて毎日の練習メニューを組み立てる

ビーバーズ練習メニュー例

毎日の練習メニューは、年間スケジュールと連動して組まれていなければならない。さらにその中で、メリハリをつけ、上級生と下級生のプログラムを考える必要がある。ここで紹介するビーバーズの例を参考に、練習時間を有効に使うメニューづくりをしていこう

時間	Aチーム（5～6年）30名	初心者、下級生35名
	コートづくり（ネット張りなど） サーブ前・後打ち分け	ボール遊び サーブ
5：30	1.整列・あいさつ 2.ビーバーズバレー訓　～　部歌斉唱　～　座禅 3.ランニング　～　体操　～　柔軟 4.ダンス　～　18mコートのラインを使ってウォーミングアップまたはコーディネーショントレーニング 5.マット・とび箱トレーニング	
6：10	休憩	
6：15	コートの空いているところを使って 1.3人ランニングパス （オーバー・アンダーパス） 2.バスケットボールトレーニング各20本程度 （2人1組） 3.レシーバー：前のレシーブ、左右レシーブ、オーバーレシーブ スパイカー：サーブカットまたはスナップ 休憩	メイン練習（スパイク強化） 1.フラフープを使って、助走～踏み切り 2.対コーチまたは上級生（3ヶ所に分散）： スイング、スナップ、ジャンプ 3.スパイク（3ヶ所に分散）： ブロック～下がり～スパイク 4.対コーチまたは上級生：パス～レシーブ 5.ゲーム（ラリーポイント15点制。初心者はサーブ2本）
7：00	対人レシーブ：　1.アタッカー対レシーバー 2.三角レシーブ	終了（帰宅） ※審判以外の5年生以下はマットトレーニング。 ※下級生は楽しくやるのがいちばん。休みたいときに休ませ、帰りたいときに帰らせる。本人の意欲が出るのを待って、意欲が出てきたらみんなと同じメニューにするといい。また、導入部でボールをこわがる子どもがいる場合、ソフトバレーボールからはじめる
7：15	男女ゲーム（時間短縮のため5点対5点から） ①サーブは狙いどころを定めて打つ ②攻め返しは速く	
7：35	重点種目強化 アタッカー：　スパイク～左右移動スパイク レシーバー：　台上から強打を左右レシーブまたはローリングレシーブ	
7：55	セッター：ワンマントス50本 5年生以下とレシーバー：ランニングレシーブ	
8：10	ダンス・柔軟・ストレッチ～片付け	
8：20	あいさつ・終了	

練習メニューは数多く準備して臨機応変に変化させる

練習メニューを考えるときにもっとも大切なのが、選択肢をたくさん持っておくことです。メニューに乏しいと、どうしても毎日、同じ練習ばかりしなくてはなりません。それでは、いくら順序を変えたところで子どもはすぐに飽きてしまいます。

バリエーションを増やすためには、かならず指導者が練習後に反省をすることです。また、日ごろから、つねに新しいものに興味を抱き、バレーボールに結びつけていく姿勢も必要です。

ときにコーチ同士のミーティングや他のチームのコーチとも情報交換などを行っておくと、考え方も柔軟になるでしょう。

「これだけやっておけばよい」という練習法は存在しないのです。日々、活きた練習ができるように工夫していきましょう。

●メニューづくり10のポイント

Point 1 期間(3ヵ月)、月間、週間の練習テーマを決める

強化種目をメインに、内容や目的を明確化し、具体的に徹底して行うことが大切

Point 2 練習方法(種目)の順序を考えて行う

一般的には、易→難、単純→複雑、軽→重、量→質、部分→全体、平面→立体で行うが、子どもの自覚をうながすときには、全体練習から入り、課題を明確にし、基本(部分)に入ることも必要。順序を変えるだけで集中力アップにつながることもある

Point 3 狙いを明確化し、同じ種目でも多くの練習を準備する

例)パスの練習①人数:ひとり→2人→3人　②方向:上、前、横、後ろ　③距離:2〜3m→5〜6m、8〜9m　④高さ:平行(低く)→高く(2段トス)　⑤速さ:ゆっくり→速く平行に　⑥視野:ジャンケン当ての対人パス　⑦回数:連続　⑧目標を置く:バスケットゴールなど　⑨移動:ランニングパスなど

Point 4 同じメニューを長時間やらないようにする

子どもに飽きさせない。忍耐力をつけるときは別

Point 5 遊んでいる選手がいない環境づくり

ボールひろいなどは少人数。キャッチはからだの正面で

Point 6 試合のための練習をする

練習のための練習にしない。いつも実戦を想定したメニューで実戦を意識させて行う

Point 7 勉強をするときの三原則を応用する

①楽しいことからやる(興味のある種目、おもしろい種目)
②全体(ゲーム)から個々(基本)へ
③80%できたらつぎに進む(100%をすぐに求めない)

Point 8 メニューは臨機応変に変化させる

練習メニューをつくったからといって、それにとらわれることなく、子どもの出席状況や体調などを見て、臨機応変に対応していく。用意したメニューはチェックリストくらいの感覚で考えておくといいだろう

Point 9 練習後にかならず復習、反省点をもとに修正する

①練習中に全員が機能していたか(遊んでいる子どもがいなかったか?　みんながいい汗を流していたか?)
②テーマとしている強化種目の成果(子どもの成長)は?
③時間の配分はどうだったか?

Point 10 練習に魂(心)を入れることが大切

子どもに考えさせるために質問し、声の出た活気ある練習

チーム運営管理チェックシート

子どもや父母に信頼される指導者を目指して
これらの項目がきちんとできているか自分でチェックしてみよう。
もし弱い部分を発見した場合、工夫しながらベストと思われることをやってみよう。
たとえ、うまくいかなかったとしても、それが経験となり、
かならずいい方向に向かうはずだ。
この試行錯誤をくり返すことこそ、いい指導者への近道と言えよう

東金町ビーバーズの発祥地であり、今なおメインの練習を行っている東京都葛飾区立東金町小学校

1.チームづくり　～夢へのチャレンジ～

●明確な理念と情熱をもつ

- □情熱に勝る指導法はない。また「これしかない」という指導法もない
- □バレーボールを通しての心づくりと人間形成
- □つねに指導に疑問をもち、工夫する
- □ひとつにとらわれずに柔軟な心と頭をもつ
- □子どもと指導者がともに活かし活かされる関係
  - □つねに自分を振り返る
  - □試合に勝ったら選手をほめ、負ければ指導者の責任
  - □つねに謙虚な気持ちで指導する

●チームの目標を明確にする　～子どもに夢をもたせる

- □チームの目標を設定し、徹底する
  - □歌やバレー訓などを使って意識を高める
- □チームの目標、各年度の目標、個人の目標を設定する
  - □明確化することで惰性で練習しない

成功のポイント

保護者の協力体制が不可欠

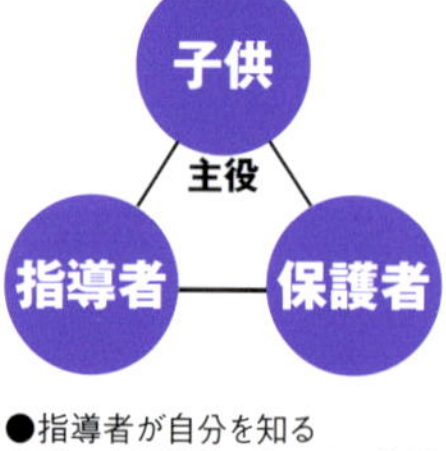

- ●指導者が自分を知る
- ●勝ったら選手、負けたら指導者の責任
- ●指導者として謙虚な気持ち

※この三角の絆を太く強くする

APPENDIX

●環境を整備する

□指導者自身の環境を整える
　□職場、家庭、バレー仲間を充実させる
□バレーボールをやりやすい環境づくり
　□練習場所、練習時間を確保する
　□諸経費(会費など)を捻出する
　□子どもの家庭の理解を得る
　□コーチングスタッフの確保と体制をつくる

2.チームの管理と運営　～チームの活性化～

●子どもを管理する

□子どもを募集する(チームや指導者の評判をよくする)
　□ポスター、チラシ、ホームページなどで募集する
　□PTA、町会、OBなどの口コミで広げる
　□PTAやママさんバレーなどへの出前コーチをする
□子どもの健康を管理する
　□体力管理:近くによい医者やトレーナーを確保する
　□練習管理:各子どものカルテをつくる
　□メンタル管理:子ども同士やコーチとの人間関係をよくする
　□生活管理:性格や家庭環境を把握する
　　ー食事、栄養、休息、睡眠など
　　ー過保護や過干渉(自分のことは自分でさせる)

●練習に打ちこめる環境をつくる

□練習場所や練習時間を確保する
□学校や地域団体との連携や協力体制をつくる
　□活動スケジュールや試合結果などを報告する
□諸経費を確保する
　□父母会、OB会、後援会を結成する
　□会費の会計は父母にまかせる
□父母の協力体制をつくる
　□父母会や幹事会を3～4ヵ月に一度くらい開催する
　　ー指導方法、選手起用、作戦には口をはさませない(理念の徹底)
　　ー活動スケジュールを確認する
　　ー子どもの健康管理を確認する
　　ー賛同者やゲストを招いて、話をしていただく
　　ー父母と指導者との信頼関係を築く
□コーチング体制を充実させる
　□コーチ間のコミュニケーションを密にとる
　□ママさんバレー、地域のクラブ選手、引退した高校生などからも探す
　□コーチに権限を与え、責任をもたせる
　　ーコーチにまかせて評価する
　□指導要項や指導チェックリストを作成し徹底する
　　ーコーチとともに勉強する
□親睦合宿、強化合宿、遠征試合を実施する
　□父母の理解と協力を得る

□生活面のチェックや指導を行う
□個人やチームのミーティングを行う
□他のチームとの交換会、キャンプファイヤーなどのレクリエーションを行う

3.指導方法

●子どもの成長段階に応じて柔軟な指導を行う

□学年（年齢）、体力、技術に応じてバレーボールの楽しみを教える
□子どもの将来を考えて指導する
　□やりすぎによるケガをさせない
　□精神的に追いつめて燃えつき症候群にさせない
□ユーモアや遊びをとり入れる
　□テーマパークやフィールドアスレチックなどで子どもを把握する
　□あくまでも小学生、ゲームが好きということを忘れない

●正しい基本技術のポイントと練習法を多く知っておく

□基本技術を分析し、具体的に説明できるようにする
　例）スパイク　○ポジションのとり方とスタート
　○助走（1～3歩）：最後の1歩が大切
　○踏み切り：ヒザの角度、両腕の使い方
　○スイング：手首、ヒジ、右腕、左腕、上半身の使い方
　○着地と次のプレーに準備する動き
　○がんばる気持ちが強いことから生じる力みなど
　子どもの心理を考慮する

●子どもの個性を活かしたチームづくりをする

□攻撃型か守備型を決める
□子どもがよくないとあきらめる指導者は失格

●合理的な練習を行う

□つねに実戦を意識し、練習のための練習をしない
□練習の目的をはっきりさせ、もっとも適した練習法を行う
□集中力をもった質の高い練習をする
　□何もせずに遊んでいる子どもをつくらない
　□声を出し活気のある練習を行う　※プレーしていない選手の集中（声、かまえ）
□練習にメリハリをつける
　□緊張、リラックス、適度な休息を使い分ける
□次の練習との関連性や系統性をもたせる
　例）○易しい→難しい
　○軽い→重い
　○強い→弱い
　○短い→長い
□練習に変化をとり入れ多様化する
　□マンネリを防止し、つねに興味をもたせ飽きさせない
□計画に沿って実施し、結果を分析。それに応じて、つねに計画を修正し実施することをくり返す

●子どもにやる気を出させる

□チームに合った適切な目標を設定し、それを徹底する
　□個人カルテに応じた個人の目標や課題を設定し、それを評価する（ほめる）
　　一子どもをよく知る

—練習に魂を入れる

—夢をもたせる

□勝利、達成感、上達の喜びを与える

□最初に各子どもに自信を持たせ、長所を伸ばす

□つねに競争心を持たせる

□プライドを持たせる

□話し合いで納得させる話術を持つ（心、語りかける、訴える）

—具体的、論理的な話

—成功談より失敗談

—ユーモアやジョークも必要

□叱り上手、ほめ上手になる

□子どもの心理状態を把握し、心から接する

□叱ったときはフォローが大切

□最初に長所をほめてから叱る

□練習中に興味や喜びを感じて楽しくさせる

□練習の中でのひとり一人の役割（仕事）を明確にし評価する（ほめる）

—自分がいなければ、という存在感を与える

□チームや個人のレベルに合った練習をする

□声、目つき、動きに活気のある練習をする

□遊びを入れた練習も導入する

例）左手サーブ、左手スパイク

□練習にリズムが出るようにする

—子どもは指導者に注目している。子どもと一緒に喜んだり、悔しがったりする

□握手やハイタッチなどスキンシップをしてほめる

□試合に出るチャンスを与える（子どもは試合に出て大きく成長する）

□子どもに質問して考えさせる

□自分で考え、工夫してできたときの喜びは忘れない

□集中力が上がる

□判断や決断ができるようになる

4.バレーボールは「心」と「知恵」でやる ～プラスαが出る～

★「心」でやるスポーツ

↓　技術の戦いではなく、ネットをはさんだ心と心の戦い

★「思いやり」のスポーツ

↓　次や前にプレーしたチームメイトの立場で考え、行動、プレーする

★「励ます心・助ける心・感謝の心」

↓　仲間の立場（心）を考え、それに感謝して全力をつくす

それが仲間に通じてはじめて心のつながりができる

★「声」で心を表現する

・励ましの声　・助ける声（指示、アドバイス）　・感謝の言葉　・仲間に心配をかけないための声

※ボールをプレーしているのはひとりでも、残りの5人は声と心でプレーに参加する

↓

「心の作用」の相乗効果で「プラスのバレー」「信頼のバレー」「感動のバレー」に成長する

監修者

東金町ビーバーズ総監督
浦野　正 うらの・ただし
昭和18年東京都出身。成蹊大学バレー部主将→富士銀行→共栄学園高校コーチ→東金町クラブ（家庭婦人）監督→昭和56年東金町ビーバーズ結成。数々の優勝経験を持つ。

あとがき

小学生バレーボールの指導者の使命は、子どもにバレーボールを好きにさせること、中学高校につながる基本技術を身につける、思いやりのある素直な心を持たせ、成長させていくことです。この3つがクリアできれば、子どもがいつも生き生きと輝き、感動を生む、強いチームができることでしょう。

より強い、よいチームづくりをする上で、本書が少しでも参考になれば光栄に思います。

私事ですが、小学生バレーの指導をはじめ26年、汗と涙と笑い、感激と感動のドラマの連続でした。これからも子どもたちに夢と勇気を与え、謙虚な姿勢と感謝の気持ちを持って、いつも学ぶ姿勢を忘れずに、子どもたちとバレーボールを楽しみ、多くの感動をつくって行きたいと思います。

東金町ビーバーズ指導陣

内藤　光憲
ないとう・みつのり
男子チーム監督。パワーと気迫にあふれアイデアに富む

本橋　澄夫
もとはし・すみお
女子チーム監督。情熱と信念、ユーモアのセンスにあふれる

白田　功
はくた・いさお
女子チームコーチ。誠実で根気強い指導に定評がある

星野　光宏
ほしの・みつひろ
男子チームコーチ。思いやりの心と熱い心の持ち主

井手口　蕗子
いでぐち・ふきこ
下級生コーチ。東金町ビーバーズの母として親しまれる

星野　保子
ほしの・やすこ
下級生コーチ。やさしさと探求心を持って指導にあたる

津山　光世
つやま・みつよ
第7回ライオンC全国準優勝OGでハートある男子チームコーチ

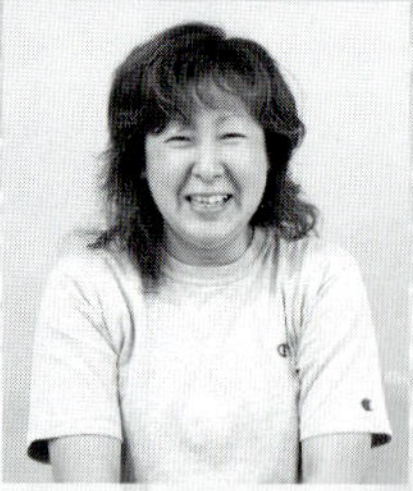

高荷　千枝子
たかに・ちえこ
下級生コーチ。ダンスの振りつけ等で活躍

東金町ビーバーズ

東金町ビーバーズのおもな戦績

サントリーカップ
【男子】
東京都大会
優勝　昭和58年、61年、平成元年、3～7年、9～10年、13年、14年、17年
準優勝　昭和59年、平成15年、16年
全国大会16回出場
優勝　昭和61年、平成元年、14年
【女子】
東京都大会
優勝　昭和58年、60年～63年、平成3年、4年
準優勝　昭和59年、平成元年、4年
全国大会13回出場
優勝　平成元年、3年
準優勝　昭和60年、62年
※平成元年は全国アベック優勝

関東大会
【男子】
優勝9回　昭和58年、61年、平成元年、3～6年、10年、14年
準優勝　平成元年、7年
【女子】
優勝6回　昭和62年、平成元年、3年、4年、9年、11年
準優勝　昭和60年、平成2年

平成18年度
上級生チーム

元全日本の大貫美奈子（NEC）、吉澤智恵（武富士）をはじめ、卒業生（OB・OG）は300人を越え、実業団Vリーグや中学・高校・大学バレーボール部にて多くの選手が活躍している

撮影・取材協力

- 東京都葛飾区立東金町小学校
- 駿台学園高等学校
- 東金町ビーバーズ父母の皆さま

staff ≫

企画／制作 ≫ 権藤海裕（les Ateliers）
取材／執筆 ≫ 7 Seas
撮影 ≫ 河野大輔　深津壮大　織田真理
本文デザイン ≫ 帆苅政義
カバーデザイン ≫ 坂井栄一（スピンドリフト）
イラスト制作 ≫ Y.A.Z.

確実《かくじつ》に上達する小学生《しょうがくせい》バレーボール

2006年12月 6日　初版第1刷発行
2011年 4月27日　初版第7刷発行

監修 ≫ 浦野　正
発行者 ≫ 村山秀夫
発行所 ≫ 実業之日本社
〒104-8233　東京都中央区銀座1-3-9
電話（編集）03-3535-3361　（販売）03-3535-4441
ホームページ　http://www.j-n.co.jp/
印刷 ≫ 大日本印刷
製本 ≫ （株）ブックアート

ISBN978-4-408-61142-6